Joy Baruna

Sexualisierung der Kindheit

Herausforderungen für die Präventionsarbeit gegen sexuelle Gewalt an Kindern und Jugendlichen

Bibliografische Information der Deutschen Nationalbibliothek:

Die Deutsche Nationalbibliothek verzeichnet diese Publikation in der Deutschen Nationalbibliografie; detaillierte bibliografische Daten sind im Internet über http://dnb.d-nb.de abrufbar.

Impressum:

Copyright © ScienceFactory

Ein Imprint der Open Publishing GmbH

Druck und Bindung: Books on Demand GmbH, Norderstedt, Germany

Covergestaltung: Open Publishing GmbH

Inhaltsverzeichnis

1 Einleitende Bemerkungen 4

2 Sexuelle Gewalt an Kindern und Jugendlichen 7

    2.1 Kritische Betrachtung der Bezeichnung ‚Sexueller Missbrauch' 7

    2.2 Definitionen, Häufigkeit und Auswirkungen sexueller Gewalt an Kindern 7

    2.3 Täterprofile und Täterstrategien 11

    2.4 Kindzentrierte Präventionsansätze als Antwort auf Täterstrategien 14

3 Mediatisierung und Sexualisierung der Kindheit 16

    3.1 Begriffsbestimmungen und Beschreibung der Wechselwirkung zwischen Mediatisierung und Sexualisierung 16

    3.2 Zur Verbreitung und Bedeutung von Medien im kindlichen Lebenslauf 18

    3.3 Der Sexualisierungsdiskurs unter besonderer Berücksichtigung der medialen Repräsentation von Frauen und Symbolik der Mädchenfigur 20

4 „Das Recht auf körperliche und sexuelle Selbstbestimmung" – Diskussion einer Präventionsbotschaft bezüglich sexueller Gewalt im Kontext der Selbstsexualisierung frühadoleszenter Mädchen 26

5 Fazit und Implikationen für die Prävention sexueller Gewalt von Kindern und Jugendlichen 31

Literaturverzeichnis 32

1 Einleitende Bemerkungen

„Die Modefirma, die sexy Hotpants für 8-jährige Mädchen herstellt, junge Frauen, die im Wettbewerb um ein Fotoshooting nackt in Discos auftreten, oder die vielen entwürdigenden Castingshows im Fernsehen sind lediglich Symptome ein und desselben gesellschaftlichen Zustands" (Voigt, 2016, S.132).

Im Kontext dieses gesellschaftlichen Zustands könnte die Proklamation des Rechtes auf körperliche und sexuelle Selbstbestimmung, eines der Kernthemen hinsichtlich der Prävention von sexueller Gewalt (Deegener, 2010, S.180), aus der Sicht von Kindern und Jugendlichen widersprüchlich wirken. „Dein Körper gehört ganz allein dir" (Deegener, 2010, S.180) hören sie einerseits und sehen andererseits im Fernsehen, Internet, etc. sexualisierte Darstellungen, insbesondere von Frauen, die unter Umständen das Gegenteil implizieren. Im Rahmen der vorliegenden Ausführungen soll eine Auseinandersetzung mit den ambivalenten Botschaften erfolgen, denen Kinder und Jugendliche, insbesondere Mädchen, ausgesetzt sind und die hinsichtlich der Prävention von sexueller Gewalt relevant sind.

Prävention wird hier vor dem Hintergrund einer Gesellschaft diskutiert, die einerseits sexuelle Gewalt und Prävention nach der Aufdeckung einer Reihe von Vorfällen in schulischen und kirchlichen Einrichtungen im Jahr 2010[1] öffentlich zu thematisieren beginnt (Fegert & Rassenhofer, 2015, S.4), andererseits zur Sexualisierung und gar Pornografisierung (Schuegraf & Tillmann, 2011) tendiere, welche unter anderem eine sexualisierte ‚Aufheizung' des elektronischen Raums der Medien" (Richard, 2010, S.185) bewirke. Digitale, mediale Räume werden wiederum zunehmend auch von Minderjährigen genutzt (Feierabend, Plankenhorn & Rathgeb, 2017; Feierabend, Karg & Rathgeb, 2016) und in Mitten dieser erhitzten Atmosphäre, umgeben von sexualisierten Botschaften und (Selbst-)Darstellungen in sozialen Netzwerken, Musikvideos, Filmen, in der Werbung,

---

[1] Hier wird auf die öffentlich und politisch ausgetragene Debatte um den „Missbrauchsskandal" Bezug genommen, ausgelöst durch die im Jahr 2010 aufgedeckten sexuellen Übergriffe am Canisius-Kolleg, im Kloster Ettal sowie in der Odenwaldschule (Fegert & Rassenhofer, 2015, S.4). Am 24. März 2010 hat das Bundesministerium der Justiz in Zusammenarbeit mit dem Bundesministerium für Familie, Senioren, Frauen und Jugend und dem Bundesministerium für Bildung und Forschung (2011) daraufhin den Runden Tisch ‚Sexueller Kindesmissbrauch in Abhängigkeits- und Machtverhältnissen in privaten und öffentlichen Einrichtungen und im familiären Bereich' eingerichtet um zu signalisieren, dass „Politik und Zivilgesellschaft sich gründlich, umfassend und dauerhaft des Themas annehmen – auch dann, wenn es aus den Medienberichten verschwunden sein wird" (S.6).

vermittelt über Mode und Spielsachen (u.a. Gunter, 2014; Schuegraf & Tillmann, 2011), wird von Kindern und Jugendlichen in westlichen Gesellschaften[2] erwartet, dass sie lernen ein positives Selbst- und Körperbild zu entwickeln und Grenzen zu setzen, um sich vor sexueller Gewalt schützen zu können – eine anspruchsvolle Aufgabe.

Da zum Einen Sexualisierung, zumeist im Zusammenhang mit Frauen und Mädchen thematisiert wird (siehe 3.3) und die von sexueller Gewalt betroffenen Personen zu einem großen Teil weiblich sind (Bieneck, Stadler & Pfeiffer, 2011, S.40), zum anderen um den Umfang zu begrenzen, steht innerhalb der vorliegenden Ausführungen die indirekte Sexualisierung und daraus resultierende Selbstsexualisierung von Mädchen im Fokus. Doch an dieser Stelle soll betont werden, dass auch Jungen und Männer durch medial vermittelte (Körper-)Ideale sowie die daraus resultierende (Selbst-)Objektifizierung in ihrem Selbstbild beeinflusst werden können (Vandenbosch & Eggermont, 2013). Dies sollte im Zuge von Präventionsarbeit mit Jungen ebenfalls berücksichtigt werden.

Zu Beginn wird ein Überblick bezüglich sexueller Gewalt an Kindern geboten, wobei auch Täterstrategien und die daran anknüpfenden, allgemeinen Präventionsthemen beschrieben werden. Es folgt eine Auseinandersetzung mit aktuellen Sexualisierungs- und Mediatisierungsprozessen[3] unter besonderer Berücksichtigung kindlicher Lebenswelten. Als Schwerpunkt wird hier die gesellschaftliche Konstruktion beziehungsweise mediale Repräsentation von Frauen sowie die Bedeutung der Mädchenfigur als Emblem für Unschuld in der postfeministischen Ära und betrachtet.

Um das Spanungsfeld, in welchem sich Mädchen befinden exemplarisch zu verdeutlichen, erfolgt im Anschluss eine Diskussion kindzentrierter Botschaften auf

---

[2] Gunter (2014) zufolge zeigte sich das Phänomen der Sexualisierung beziehungsweise Sexualisierung der Kindheit in Untersuchungen der Vereinigten Staaten von Amerika, des Vereinigten Königreichs Großbritannien und Nordirlands sowie in australischen Studien. Doch Dangendorf (2012) bezeichnet speziell die Sexualisierung von Mädchen als kulturübergreifenden Trend westlicher Gesellschaften (S.13).

[3] In der Kommunikationswissenschaft werden die Begriffe „Mediation", „Mediatization", „Medialisierung" und „Mediatisierung" laut Meyen (2009) zum Teil als Synonyme verstanden, wobei auch deutlich voneinander abweichende Auslegungen existieren würden. Im Rahmen dieser Ausführungen wird sich auf die Definition von „Mediatisierung" nach Krotz (2007) bezogen (Näheres dazu unter Punkt 3a). Da einige der hier zitierten Autor*innen die Formulierung „Medialisierung" verwenden, ist hier auch diese Schreibweise zu finden. Inhaltich sind die Begriffe im Rahmen dieser Ausführungen synonym zu verstehen.

Grundlage des Präventionsthemas „Das Recht auf körperliche und sexuelle Selbstbestimmung" (Deegener, 2010, S.180) im Kontext der Selbstsexualisierung frühadoleszenter Mädchen, welche als Folge der Introjektion medial vermittelter Sexualisierung gelten kann. An dieser Stelle wird sich auf Untersuchungen von Voigt (2016), Dangendorf (2012) sowie Renold und Ringrose (2011) bezogen.

Welche Implikationen sich letztlich hinsichtlich der medial vermittelten Sexualisierung von Mädchen für die Präventionsarbeit ergeben, wird abschließend zusammengefasst.

2 Sexuelle Gewalt an Kindern und Jugendlichen

2.1 Kritische Betrachtung der Bezeichnung ‚Sexueller Missbrauch'

Obwohl die Bezeichnung ‚Sexueller Missbrauch' sowohl im klinischen und rechtlichen Kontext, als auch im alltäglichen Sprachgebrauch weit verbreitet ist (Gründer & Stemmer-Lück, 2013) und selbst die Initiative des Unabhängigen Beauftragten für Fragen des sexuellen Kindesmissbrauchs (2016) den Titel „Kein Raum für Missbrauch" trägt, wird innerhalb der vorliegenden Ausführungen auf den Begriff ‚Missbrauch' verzichtet, da er „impliziert, dass Menschen gebraucht oder missbraucht werden" (Stemmer-Lück, 2013, S.15) und von einigen Betroffenen abgelehnt wird (Winter, 2015, S.11). Zwar sei bekannt, dass Täter angaben, ihre Opfer wie „Sexualobjekte" (Deegener, 2010, S.22) oder „Gebrauchsgegenstände" (Gründer & Stemmer-Lück, 2013, S.15) ‚miss-braucht' zu haben, doch ein ‚zweckmäßiger Gebrauch' einer Person zur sexuellen Befriedigung einer anderen sei schlichtweg nicht möglich (Kappeler, 2014, S.8; Winter, 2015, S.11). Der Gebrauch einer Person spricht für sexuelle Objektifizierung, und damit im weitesten Sinn für Entmenschlichung, und stellt bereits ein Merkmal der Sexualisierung dar, wie unter Punkt 3.1. näher ausgeführt wird. Kappeler (2014) betont darüber hinaus, dass es sich bei dem Begriff ‚Missbrauch' um eine Vokabel der „Sprache der Verschleierung und Verharmlosung" (S.8) handele, wie es auch bei Umschreibungen wie „‚Er hat sich vergriffen' oder ‚vergangen'" (S.8) der Fall sei. Demzufolge werden im Rahmen dieses Textes die Bezeichnungen sexuelle oder sexualisierte Gewalt verwendet.[4]

2.2 Definitionen, Häufigkeit und Auswirkungen sexueller Gewalt an Kindern

Es existiert keine einheitliche psychologische Definition sexueller Gewalt an Kindern und Jugendlichen (Gründer & Stemmer Lück, 2013, S.15). Die Diskussion und Bewertung sei durch den jeweiligen kulturellen und ideologischen Kontext geprägt (Bange, 2003, S.21; Bundschuh, 2001, S.40). Derzeit gebräuchliche sozialwissenschaftliche Definitionen orientieren sich am Konzept des wissentlichen

---

[4] Sofern der Begriff ‚Sexueller Missbrauch' nicht zu umgehen ist, da sich auf derzeit rechtliche, klinische, o.a. feststehende Termini bezogen wird, erscheint die Formulierung hier in Anführungszeichen.

Einverständnisses (informed consent), wonach sexuelle Gewalt im Allgemeinen sexuelle Handlungen an oder vor Personen einschließe, denen diese aufgrund ihres allgemeinen Entwicklungs- und Wissensstandes nicht zustimmen können, weil sie nicht in der Lage sind, die Folgen zu ermessen (Basile, Smith, Breiding, Black & Mahendra, 2014, S.11; Deegener, 2010, S.20-22). Kinder können somit nicht in sexuelle Kontakte einwilligen, da sie gegenüber Erwachsenen nicht als gleichberechtigte Partner*innen gelten würden (Bange, 2003, S.22). Eine vermeintliche Einwilligung des Kindes ist auch rechtlich hinsichtlich der Straftaten gegen die sexuelle Selbstbestimmung[5], des StGB, im Speziellen gemäß §176 ‚Sexueller Missbrauch' an Kindern irrelevant: Sexuelle Handlungen an und mit Personen unter 14 Jahren sind in jedem Fall strafbar (Jud, 2015, S.54). Eine von Tätern oft zu ihrer Entlastung angegebene Zustimmung des Kindes (Jud, 2015, S.54), sei als „Unterwerfung oder Anpassung an die Wünsche des Täters" (Gründer & Stemmer-Lück, 2013, S.16) aufzufassen[6], wobei hier auch die vielfältigen Abhängigkeitsverhältnisse, in denen sich Kinder oder Jugendliche befinden, das Machtgefälle zwischen Tätern und Betroffenen und Loyalitätskonflikte zu berücksichtigen seien (Deegener, 2010; Gründer & Stemmer-Lück, 2013). Einige Forscher setzten eine bestimmte Altersdifferenz zwischen Täter und Betroffenen fest, um sicher von der Unfähigkeit zum wissentlichen Einverständnis ausgehen zu können[7] (Bange, 2003, S.22; Deegener, 2010, S.21). Bei Kindern bis zum 12. Lebensjahr gelte eine Differenz von 5 Jahren, bei älteren Kindern und Jugendlichen von 10 Jahren als ausschlaggebend (Deegener, 2010, S.21).

Bezüglich der Formen sexueller Gewalt wird zwischen Handlungen ohne und mit direktem Körperkontakt (hands-on- und hands-off-Handlungen) unterschieden,

---

[5] Straftaten gegen die sexuelle Selbstbestimmung im Kontext sexueller Gewalt an Kindern und Jugendlichen: §176 Sexueller Missbrauch von Kindern (unter 14 Jahre), §176a Schwerer sexueller Missbrauch von Kindern, §176b Sexueller Missbrauch von Kindern mit Todesfolge, §174 Sexueller Missbrauch von Schutzbefohlenen, §180 Förderung sexueller Handlungen Minderjähriger (unter 16 Jahren), §182 Sexueller Missbrauch von Jugendlichen (unter 18) des StGB, 13. Abschnitt (Bundesministerium der Justiz und für Verbraucherschutz, 1998).

6 Eine Zustimmung könne unterschiedlich interpretiert werden. Deegener (2010) weist in diesem Zusammenhang darauf hin, dass sexuelle Handlungen von Kindern zum Teil auch als angenehm erlebt werden können, sowie mit Stolz und dem Gefühl des Erwachsen-Seins verbunden sein können, wobei dadurch wiederum Verwirrung sowie Schuld-Schamgefühle zunehmen würden (S.83-85).

7 Strafrechtlich ist dies allerdings nicht wirksam: „So darf strafrechtlich gesehen z. B. ein 15-Jähriger keine sexuellen Handlungen an seiner 13-jahrigen Freundin vornehmen – er wurde sich ggf. gemäß. § 176 StGB strafbar machen (Jud, 2015, S.54).

wobei Körperkontakt penetrative Handlungen umfasst sowie alle „absichtlichen Berührungen – auch über der Kleidung – der Genitalien, der Leistengegend, der inneren Oberschenkel, des Anus und der Brüste durch die Täter am Kind oder das Verlangen der Täter, an diesen Stellen berührt zu werden" (Jud, 2015, S.44). Exhibitionistische Handlungen, das Zeigen von pornographischen Aufnahmen oder die sexualisierte Darstellung des Kindes, verbale sexuelle Belästigung und das Ermöglichen von Kinderprostitution stellen Hands-off Handlungen dar (Jud, 2015, S.44).

Enders (2003a) macht, unabhängig von der rechtlichen Kategorisierung, auf die subtilen, vielfältigen Ausprägungen sexueller Ausbeutung aufmerksam und erklärt: „Sexuelle Gewalt gegen Mädchen und Jungen fängt bei heimlichen, vorsichtigen Berührungen, verletzenden Redensarten und Blicken an" (S.29), denn somit erlange das Kind oder der/die Jugendliche „durch die Reduzierung zum Sexualobjekt Bedeutung" (S.33) und lerne „dass sie/ er mit körperlicher Attraktivität und Genitalien ausgestattet ist, um Erwachsene, älteren Kindern und Jugendlichen ‚Lust' zu verschaffen" (S.33). Mit anderen Worten: Sie werden und sehen sich selbst als sexualisiert (siehe 3.1). Dies ist vor allem in Bezug auf die Häufigkeit hinsichtlich der Altersstruktur und der zu diesem Zeitpunkt anstehenden Entwicklungsaufgaben[8] betroffener Kinder von Bedeutung. Laut einer Studie aus den USA steige die Häufigkeit sexueller Gewalt ab dem Alter von 9 bis zu 15 Jahren an (Finkelhor, Turner, Ormrod & Hamby, 2009, S.6). Innerhalb dieser Zeitspanne, welche den Übergang zur beziehungsweise den Verlauf der Frühadoleszenz darstelle (Resch & Weisbrod, 2012, S.242), erfolge laut Manning (2010), der sich auf die von Havighurst (1956) analysierten Entwicklungsaufgaben bezieht, unter anderem die Auseinandersetzung mit der eigenen sexuellen Orientierung und dem eigenen sozialen Geschlecht (Manning, 2010, S.76). Ziel sei unter anderem der Aufbau eines positiven Selbstwertgefühls, akzeptierender Haltungen gegenüber Peers beziehungsweise Angehörigen beider biologischen Geschlechter (Manning, 2010, S.77). Erfahrene sexuelle Gewalt beeinflusst, wie anhand Enders (2003a)

---

[8] Nach Havighurst (1956) stehen Menschen zu bestimmten Zeitpunkten ihrer Entwicklung beziehungsweise innerhalb bestimmter Intervalle Aufgaben gegenüber, deren erfolgreiche Bewältigung zur Zufriedenheit und wiederum Erfolg bei der Bewältigung nachfolgender Aufgaben führt, wohingegen ein Scheitern Schwierigkeiten und negative Bewertungen und Gefühle nach sich zieht (S.215). Diese sogenannten Entwicklungsaufgaben entspringen drei Quellen: „(1) physical maturation, (2) cultural pressure (the expectations of society), and (3) individual aspirations or values" (Havighurst, 1956, S.215).

Erläuterung deutlich wird, unter anderem die Bewältigung dieser Entwicklungsaufgaben hinsichtlich der Wahrnehmung der Identität sowie des eigenen Körpers („Sexualobjekt", Enders, 2003a, S.33) und bezüglich der Wahrnehmung und Gestaltung zwischenmenschlicher Interaktionen. Darüber hinaus kann, wie Goldbeck (2015) zusammenfasst, erfahrene sexuelle Gewalt neben kurzfristigen physischen und psychischen Auswirkungen, langfristige, zum Teil bis ins Erwachsenenalter persistierende, komplexe psychische Störungen nach sich ziehen. Dies ist insbesondere von Bedeutung, da es sich bei sexueller Gewalt an Kindern und Jugendlichen um kein seltenes Phänomen handelt.

Die Häufigkeitsangaben variieren jedoch je nach Studie aufgrund unterschiedlicher Befragungsformen und Festlegungen der Intensitätslevel beziehungsweise Definition (Deegener, 2010, S.32). Die Bundeskriminalstatistik kann zwar einen Einblick in das Hellfeld – die Zahl der aktenkundig gewordenen Fälle – gewähren, doch es wird überdies von einer hohen Dunkelziffer ausgegangen (Winter, 2013, S.33). Laut der KFN-Studie, des ersten Forschungsberichts zur zweiten Repräsentativbefragung ‚Sexuellen Missbrauchs' gaben 8,0% der heute 31-40-jährigen weiblichen Befragten an, bis zu ihrem 16. Lebensjahr sexuelle Gewalt mit Körperkontakt erlitten zu haben; bezüglich der 21-30jährigen waren es 6,4%, bei den 16-20-jährigen 2,4% und bei den männlichen Befragten ergaben sich die Zahlen: 1,8%, 1,1%, 0,6% (Bieneck, Stadler & Pfeiffer, 2011, S.40). Im Vergleich zur KFN-Untersuchung im Jahr 1992 sei ein deutlicher Rückgang ersichtlich (Bieneck et al., 2011, S.40), wobei geringe Modifizierungen der Kriterien bereits deutliche Änderungen zur Folge hätten (Zimmermann, Neumann, Çelik, Kindler, 2011, S.122). Winter (2013, S.34) gibt diesbezüglich zu bedenken, dass keine Menschen befragt wurden, die sich in öffentlicher Obhut befinden, obwohl gerade in psychiatrischen Einrichtungen, im Strafvollzug oder in Heimen der Prozentsatz der von sexueller Gewalt betroffener Personen hoch sei. Desweiteren wurden in der KFN-Studie keine Menschen über 40 Jahren befragt, entgegen der Tatsache, dass in der Kindheit erlebte sexuelle Gewalt oftmals erst nach dem 40. Lebensjahr bewusst erinnert werden würde (Winter, 2013, S.34). Der geringe Prozentsatz hinsichtlich der 16-20-jährigen sei Winter (2013) zufolge gegebenenfalls dadurch zu erklären, dass Personen dieser Altersklasse zum Großteil noch im elterlichen Haushalt und „damit im Zweifelsfall mit den Tätern unter einem Dach" (S.35) leben. „Wie naiv muss man sein, um bei diesem Setting eine Einflussnahme auszuschließen?" (Winter, 2013, S.35).

In einer unlängst erschienen online-Studie von Dombert et al. (2016) berichteten 3,2% der 8718 befragten deutschen Männer von sexuellen Handlungen an und mit Kindern im Alter von bis zu 12 Jahren (S.220). Aufgrund der Annahme, dass einige der Teilnehmer begangene sexuelle Übergriffe aus Angst vor Entdeckung oder aus Scham verschwiegen haben könnten und hinsichtlich der Tatsache, dass Täter sich gegebenenfalls bis zu ihrer Verurteilung vielen Kindern gegenüber sexuell übergriffig verhalten (Enders, 2003b, S.55; Salter, 2006, S.10), könnte weiterhin von einer hohen Dunkelziffer ausgegangen werden

2.3 Täterprofile und Täterstrategien

Sexuelle Gewalt an Kindern wird nicht, wie fälschlicherweise in der Öffentlichkeit häufig angenommen, ausschließlich von pädosexuellen beziehungsweise ‚pädophilen'[9] Tätern begangen (Kuhle, Grundmann & Beier, 2015, S.110). Pädosexualität bezeichnet eine sexuelle Präferenzstruktur, welche durch die ausschließliche oder teilweise Ausrichtung auf das kindliche Körperschema gekennzeichnet ist[10], sie bedinge jedoch nicht grundsätzlich sexuelle Verhaltensstörungen, wie sexuelle Handlungen, vor und an Kindern und Jugendlichen (Bundschuh, 2001, S.27-28; Beier & Loewit, 2011, S.61). Offiziellen Statistiken zufolge sei der überwiegende Anteil der Täter männlich (Deegener, 2010; Kuhle et al., 2015). Desweiteren wird ein hoher Anteil sexueller Gewalttaten an Kindern – prozentuale Angaben variieren hier je nach Methodik der Studie – von Ersatzhandlungstätern begangen (Kuhle et al., S.110), bei Frauen handele es sich fast ausschließlich um Ersatzhandlungen (Kuhle et al., 2015, S.117). Übergriffe auf Kinder oder Jugendliche können hier als Ersatz für erwünschte Beziehungen mit altersentsprechenden Partnern gelten (Beier & Loewit, 2011; Kuhle et al., 2015; Salter, 2006). Es finden sich unterschiedlich betitelte, jedoch ähnlich beschriebene Subtypen von Ersatzhandlungstätern (Gründer & Stemmer-Lück, 2013; Salter, 2006). Eine häufig zitierte Klassifikation stammt von Beier (1998) und umfasst Täter mit antisozialer

---

[9] Der Begriff ‚Pädophilie' wird in einigen Publikationen sowie im Rahmen dieser Ausführungen aus einem ähnlich Grund vermieden wie die Bezeichnung ‚Missbrauch': ‚Pädophilie' wurde dem Griechischen entlehnt und bedeutet „Liebe zu Kindern", wobei hier das sexuelle Begehren von Kindern und die den Betroffenen angetane Gewalt nicht ausgedrückt wird (Bundschuh, 2001, S.25). Anstelle von ‚Pädophilie' wird hier in Anlehnung an Bundschuh (2001) ‚Pädosexualität' verwendet.

[10] Daneben existiert die hebephile Präferenzstruktur welche die Ausrichtung auf das pubertäre Körperschema umschreibt (Beier & Loewit, 2011).

Persönlichkeitsstruktur, soziosexuell unerfahrene, beispielsweise jugendliche, beziehungsweise sozial wenig integrierte Einzelgänger sowie intelligenzgeminderte Täter. Als Besonderheit seien Täter aus allgemein grenzverletzendem, familiärem Umfeld genannt, wobei hier oftmals nur eine Generation zwischen Tätern und Betroffenen läge (Beier, 2005; zitiert nach Kuhle et al., 2015, S.111).

Weitere in der Öffentlichkeit verbreitete Fehlannahmen, beziehen sich zum Einen auf das Bild des impulsiven, fremden Triebtäters, welches nicht der Realität entspräche (Gründer & Stemmer-Lück, 2013), andererseits auf die Vorstellung, sexuelle Gewalt ereigne sich hauptsächlich im innerfamiliären Bereich, was ebenfalls nicht empirisch belegt wurde (Deegener, 2010). Derzeit wird davon ausgegangen, dass es sich zu jeweils 25% der Täter um Fremde oder Angehörige handele und zu 50% um Bekannte (Deegener, 2010, S.37). Bei innerfamiliärer sowie sexueller Gewalt durch Bekannte sei meist ein strategisches, geplantes Vorgehen der Fall (Bange, 2015, S.106), wobei dem sexuellen Übergriff eine Vorbereitungs- und Desensiblisierungsphase, das „Grooming" vorausgehe (u.a. Bennett & O'Donohue, 2014; Pollack & McIver, 2015; van Dam, 2006). Hierbei handele es sich um: „A process by which a person prepares a child, significant adults and the environment for the abuse of this child. Specific goals include gaining access to the child, gaining the child's compliance and maintaining the child's secrecy to avoid disclosure" (Craven, Brown & Gilchrist, S.297)[11]. Grooming-Strategien zielen demnach sowohl auf die Manipulation des Kindes und des Umfeldes ab, als auch auf die Verschleierung der Motive des Täters und dessen gesellschaftlich-institutionelle Einbindung. So würden Groomer oft Berufe, Hobbies und ehrenamtliche Tätigen wählen, über die sie mit Kindern in Kontakt kommen (Deegener, 2010; Enders, 2003b; van Dam, 2006). Vorgesetzten, Kollegen, den jeweiligen Familien und Kindern gegenüber präsentieren sie sich als überaus verlässliche, engagierte, vertrauenswürdige und hilfsbereite Mitarbeiter, Helfer und Freunde (u.a. Enders, 2003b; Gründer & Stemmer-Lück, 2013; van Dam, 2006; McAlinden, 2006), während sie gezielt Kontakt zu emotional bedürftigen (Deegener, 2010, S.133; Elliott, 1995; Gründer & Stemmer-Lück, 2013, S.65), intelligenzgeminderten, physisch beeinträchtigten oder (sprachlich) entwicklungsverzögerten Kindern suchen (Deegener, 2010, S.133). Schon die von Conte, Wolf und Smith (1989) interview-

---

[11] Da keine allgemein gültige Definition existiert, wurde hier eine Variante gewählt, welche die wichtigsten, von diversen Autoren genannten Aspekte integriert.

ten Täter postulierten, eine „special ability" (S.299) zur Identifikation vulnerabler Kinder zu besitzen. Daneben scheint auch die Attraktivität und die Aufmachung für die Auswahl eines Kindes von Bedeutung zu sein (Elliott, Browne & Kilcoyne, 1995, S.584).

Zu einem ins Schema passendes Kind bauen Täter durch gemeinsame Aktivitäten, wie beispielsweise Spiele, Sport, Ausflüge, aber auch durch das Anbieten von Geschenken, und schlichtweg Zeit und Zuneigung ein Vertrauensverhältnis auf (Deegener, 2010; Elliot, Browne & Kilcoyne, 1995; Gründer & Stemmer-Lück, 2013; Enders, 2003b; McAlinden, 2006; Kuhle et al., 2015) und beginnen schrittweise mit der Desensibilisierung und Normalisierung einerseits bezüglich sexueller Gesprächsthemen (McAlinden, 2006, S.347) und gegebenenfalls Pornographie (Kuhle et al., 2015, S.119), andererseits gegenüber sexualisierten Berührungen (Conte et al., 1989, S.300; Deegener, 2010, S.133-134). Die Grenzen des Kindes werden ausgelotet und letztlich übergangen: „the abuser will escalate boundary violations of the child's body which eventually culminates in enticing the child to acquiesce to engaging in sexual activity" (McAlinden, 2006, S.347). Vorwände und Begründungen sexueller Handlungen und deren Vorstufen würden die Tarnung als Spiel, Waschrituale, das Untersuchen hinsichtlich Erkrankungen oder andere Scheinerklärungen umfassen, welche auf die kindliche Unwissenheit und Neugierde abzielen (Enders, 2003b) und von einigen Tätern an die kognitiven Fähigkeiten beziehungsweise die Entwicklungsstufe sehr junger Kinder angepasst werden können (Deegener, 2010, S.138).

Neben den hier beschriebenen Strategien von ‚Groomern' könne nach van Dam (2006) ein geringerer Anteil der Täter als „Grabber" (S.44) bezeichnet werden, wobei es sich hierbei um die bereits angedeutete und überschätzte „stranger danger" (S.44) handelt. Diese Täter würden sich weniger vorhersehbar verhalten und zu gewalttätigerem, impulsiverem Vorgehen neigen (van Dam, 2006, S.44).

Grooming sowie sexuelle Ausbeutung kann auch über das Internet, in chat-rooms sowie über instant messengers oder soziale Netzwerke stattfinden (O'Connell, 2003; Quayle, Allegro, Hutton, Sheath & Lööf, 2014). Auch online konnten im Verlauf des Kontaktes zum jeweiligen Kind ähnliche Strategien identifizierten werden: O'Connell (2003) zufolge wird der Täter nach einer Phase des Kennlernens versuchen eine freundschaftliche Beziehung zum Kind aufzubauen, um daran anschließend eine Risikoeinschätzung vorzunehmen – beispielsweise können hier Fragen nach dem Standort des Computers oder der Nutzung durch andere Personen folgen – und sich gegebenenfalls den Status eines besten Freundes zu erarbeiten. Im Zuge der Sexualisierung des Kontaktes würden oftmals sexuelle Praktiken angesprochen, die gegebenenfalls bei einem Treffen an/mit dem Kind durchgeführten werden (sollen) (O'Connell, 2003, S.11). Täter, welche entgegen einer bisweilen stattfindenden „hit-and-run" – Taktik (O'Connell, 2003, S.13) den Kontakt und somit die Verschwiegenheit des Kindes über einen längeren Zeitraum aufrechterhalten wollen, würden ähnlich wie offline-Täter „damage limitation" (O'Connell, 2003, S.12) betreiben - in Form ritualisierter Liebesbekundungen und Ermahnungen bezüglich der Wahrung des geteilten Geheimnisses. Offline würden Täter darüber hinaus auch physische Gewalt androhen oder dem Kind tatsächlich Verletzungen zufügen (Deegener, 2010, S.136; Kuhle et al., S.119) und auch hier durch emotionale Erpressung Druck ausüben, indem sie beispielsweise drohen, dem Kind bestimmte Privilegien zu entziehen (Kuhle et al, 2015, S.120) oder negative Konsequenzen für die Familie und/oder den Täter ankündigen (Enders, 2003b; Deegener, 2010).

2.4 Kindzentrierte Präventionsansätze als Antwort auf Täterstrategien

Viele Präventionsprogramme und Materialien verfolgen neben der Aufklärung bezüglich Gefahrensituationen sowie der Erläuterung von Schutz-und Abwehrverhalten auch bestärkende Ansätze, „die sich dadurch auszeichnen, dass sie Kinder in ihrem Selbstvertrauen, im Bewusstsein ihrer Rechte, im positiven Erleben ihres Körpers und in ihrer Sprachfähigkeit im Hinblick auf Sexualität und Körper fordern und stärken wollen (sogenanntes »Empowerment«)" (Kindler, 2015, S.353). Bereits im Elementarbereich kann Prävention mittels Geschichten und Theaterstücken (Gründer, Stemmer-Lück, 2013) oder Puppenspielen (Strohhalm e.V., o.J.) erfolgen. Zentrale Themen präventiver Angebote, die in ähnlicher Form auch von Topping & Barron (2009) im Rahmen einer Metaanalyse schulischer Programme sowie von Wurtele (2008) identifiziert wurden, fasst Deegener (2010) in 7 Punkten zusammen:

1. Das Recht auf körperliche und sexuelle Selbstbestimmung [...] Dein Körper gehört ganz allein dir. [....]
2. Das Recht auf eigene Gefühle, auf eigene Intuition [...] Vetraue deinen Gefühlen! [....]
3. Die Unterscheidung von ‚guten' und ‚schlechten' Berührungen [...] Du hast das Recht, selbst zu bestimmen, welche Berührungen für dich angenehm oder unangenehm sind. [....]

4. Das Recht auf Widerstand und Ungehorsam, auf ‚Neinsagen' [...] Du hast ein Recht auf Neinsagen. [....]
5. Die Unterscheidung zwischen guten und schlechten Geheimnissen [...] Du hast ein Recht darauf, welche Geheimnisse du mit wem und wie lange teilen möchtest! [....]
6. Das Recht auf Hilfe und Unterstützung [...] Du darfst dir Hilfe suchen, so lange bis du sie findest! [....]
7. Das Wissen, dass auch Erwachsene Fehler machen [...] Auch Erwachsene machen Fehler! [....]. (S.180-184)

Das von Deegener (2010) betonte „Recht", im Gegensatz zur expliziten Aufforderung Nein sagen zu ‚müssen', kann auf Kinder entlastend wirken, die bereits, ohne dass dies bekannt ist, sexuelle Gewalt erfahren haben. Denn gegebenenfalls lässt sich ein Täter durch ein ‚Nein' nicht aufhalten (Gründer & Stemmer-Lück, 2013, S.179), außerdem sollten Kinder lernen, dass sie auch dann keine Schuld trifft, wenn sie geschwiegen haben (Deegener, 2010, S.183; Gründer & Stemmer-Lück, 2013, S.179; Strohhalm e.V., 2008, S.18).

Im Hinblick auf die Wirksamkeit sollten Präventionsprogramme in Schulen laut Topping und Barron (2009) eine Evaluation enthalten, „modeling, discussion, and skills rehearsal" (S.455) umfassen, sich mindestens über vier bis fünf Klassenstunden erstrecken, von unterschiedlichen Fachleuten präsentiert werden können und aktiven Input der Eltern einbeziehen (S.455).

Unabhängig vom Aufbau und der Umsetzung eines jeweiligen Programms hebt Kindler (2015) hervor, das Prävention nicht „im luftleeren Raum" (S.359) stattfindet, sondern innerhalb eines gesellschaftlichen Kontextes. Einige Autoren, darunter Wurtele und Kenny (2012), setzen sich daher für einen ökologischen Ansatz ein, eine übergeordnete Gesamtstrategie zur Verhinderung sexueller Gewalt an Kindern. Die Bedeutung des gesellschaftlichen Kontextes, im Besonderen hinsichtlich Mediatisierung-und Sexualisierungsprozessen, für präventive Arbeit insbesondere bezüglich der gesellschaftlichen Konstruktion der Mädchenfigur wird innerhalb der folgenden Abschnitte drei und vier näher ausgeführt.

3 Mediatisierung und Sexualisierung der Kindheit

3.1 Begriffsbestimmungen und Beschreibung der Wechselwirkung zwischen Mediatisierung und Sexualisierung

Es bestehe weithin ein Konsens bezüglich einer medialen Beteiligung an der „Gestaltung von Lebenswelten und an der Schaffung von Wirklichkeiten" (Aigner, Hug, Schuegraf & Tillmann, 2015, S.7). Medieninhalte prägen die Diskurse innerhalb der jeweiligen Kultur, werden wiederum durch sie geprägt beziehungsweise spiegeln sie wieder (American Psychological Association, 2007, S.4). Medien, im Sinne „technische[r] Institutionen, über die bzw. mit denen Menschen kommunizieren" (Krotz, 2007, S.37), formen demzufolge „Bedürfnisse, Gewohnheiten, Handlungsweisen und Vorstellungen [von Menschen] [...] Darüber sind sie ferner daran beteiligt, den Menschen in seiner Persönlichkeit und in seiner für eine Gesellschaft typischen Struktur zu gestalten" (Krotz, 2007, S.101). Der „dramatische Wandel" (Krotz, 2007, S.11) unserer heutigen Zeit würde unter anderem durch die Veränderung von Medien-und Kommunikationsstrukturen beeinflusst werden, welche Krotz (2007) mit dem Begriff Mediatisierung bezeichnet. Hierbei handele es sich um einen Metaprozess, der „lang andauernde und Kultur übergreifende Veränderungen" (Krotz, 2007, S.27) umfasse und die Menschheitsentwicklung maßgeblich beeinflusse. Mediatisierung stehe heute in enger Verbindung zur Digitalisierung, die sich mittels der Entwicklung einer neuen Grundlagentechnologie „auf die Freizeit der Menschen ebenso wie auf Arbeit und Reproduktionstätigkeiten auswirkt, die Identität, Formen des Zusammenlebens und der Selbstdefinition der Menschen beeinflusst" (Krotz, 2007, S.31). Auch sei das Zusammenwachsen einzelner Medien auf Angebots- sowie Nutzerseite für die moderne Mediatisierung charakteristisch (Krotz, 2007, S.44). Diesbezüglich ist von Medienkonvergenz die Rede, worunter „das systemische Zusammenwachsen kultureller Artefakte mit Repräsentationsfunktion" (Bachmair, Pachler und Cook, 2014, S.137) verstanden werden kann. Einzelmedien nähern sich somit „in Bezug auf technische, ökonomische/organisatorische, inhaltliche und nutzungsorientierte Aspekte" einander an (Schuegraf, 2014, S.139). Das Smartphone mit seinen vielfältigen Möglichkeiten sei ein erfolgreiches Beispiel für Konvergenz auf der technischen Ebene (Schuegraf, 2014, S.139).

Nun werden gegenüber den Medien in wiederkehrenden Wellen Sexualisierungsvorwürfe laut (Leschke, S.84, 2015; Martin, 2015, S.350). Gunter (2014) weist in diesem Zusammenhang auf die etablierte Verzahnung von Sex, Werbung, Konsum und Kommerz hin (S.2) und Rüttgers (2016) stellt übereinstimmend fest, Sexualität sei als „Motor des Konsums" (S.30) in der heutigen Zeit allgegenwärtig. Durch den Prozess einer Sexualisierung durch Mediatisierung würde Sex als „biologisch-evolutionäres, also tierisches Begehren" (Faßler, 2015, S.138) und „un- und vorsittliche Lust am/auf Körper" (Faßler, 2015, S.138) „aus einem präreflexiven Akt in eine ‚stets zu bedenkende', ausdrücklich formulierte, bildlich, textlich ‚verbreitete' Praxis umgewidmet" (Faßler, 2015, S.138) werden und Mediales erscheine als „Projektion, als anmachende ‚Vor-Praxis'" (Faßler, 2015, S.138). Diese allgegenwärtige Praxis kann letztlich in der logischen Folge zu einer Sexualisierung auf der individuellen Ebene führen, welche nach der American Psychological Association (2007) stattfände, wenn mindestens eine der folgenden Bedingungen gegeben ist:

➢ a person's value comes only from his or her sexual appeal or behavior, to the exclusion of other characteristics;

➢ a person is held to a standard that equates physical attractiveness (narrowly defined) with being sexy;

➢ a person is sexually objectified—that is, made into a thing for others' sexual use, rather than seen as a person with the capacity for independent action and decision making; and/or

➢ sexuality is inappropriately imposed upon a person. (S.1)

Im Allgemeinen, bezogen auf die Diskurse um Moral, Sexualisierung und Kriminalisierung durch Medien, würden sich traditionelle Medieninhalte Leschke (2015) zufolge innerhalb abgesteckter Grenzen bewegen, wohingegen durch die Einführung jeweils neuer Medien, die gesellschaftlichen Machtverhältnisse infrage gestellt werden würden. Leschke (2015) beschreibt die Medien- und Sexualisierungsdiskurse als ein Ringen „um die Kontrolle über den Körper, die Gedanken und die Begierden von großen Massen" (S.84). Bezogen auf die Digitalisierung, beziehungsweise hinsichtlich der Einführung und Verbreitung des World Wide Web im 21. Jahrhundert, wird die Verschiebung von Machtverhältnissen sowie Verleihung von Macht auch auf der individuellen Ebene deutlich, wie Gunter (2014) verdeutlicht: „[The internet] can empower ordinary people in terms of being able to reach a multitude of others and to upload their content without being restricted by the editorial gatekeepers who control the regular mass media" (S.197). Diese Macht würde nach Schönherr-Mann (2015) aufgrund ihrer kommunikativen und ökonomischen Funktion sexualisiert gebraucht werden, Sexualisierung wiederum hervorrufen und zugleich Sexualität über ihre Lustfunktion hinaus bemächtigen. Bei näherer Betrachtung wird hier die Wechselwirkung zwischen Mediatisierung und Sexualisierung deutlich, denn: „Seit wann gibt es die Sexualität? Seit der Entstehung der modernen Massenmedien. Wer macht also die Sexualität: der Film, das Fernsehen, die Popmusik, das Internet, die Kosmetikbranche, die Mode und natürlich deren Nutzer" (Schönherr-Mann, 2015, S.114). Hier zeigt sich die formende Kraft und Vorbildfunktion der Medien hinsichtlich subjektiver, sexualisierter und insbesondere öffentlich präsentierter Körperlichkeit, die wie zu vermuten ist auch Kinder aufgrund der Allgegenwärtigkeit medialer (Re-)Präsentationen (siehe 3) beeinflussen muss. Denn wie Schönherr-Mann (2015) zusammenfassend feststellt:

> Die Seele gestaltet den Körper, wie Werbung und Medien ihn präsentieren, weil – und das ist beinahe noch zwanghafter – dadurch der Geschmack der Zeitgenossen geprägt wird. Wer sich dem entzieht, der findet weniger Aufmerksamkeit, weniger Entgegenkommen, weniger Interesse, Liebe, weniger gemeinsamen Gebrauch der Lüste" (S.118).

3.2 Zur Verbreitung und Bedeutung von Medien im kindlichen Lebenslauf

Der Begriff „Medienkindheit" wie ihn unter anderem Schweizer (2007, S.335) verwendet oder die Beschreibung der modernen Kindheit als „mediatisiert" (Tillmann & Hugger, 2014, S.31) sei Fuhs (2014) zufolge aus Sicht der Kindheitsforschung „historisch irreführend" (S.314), da Kindheit immer medial begleitet und vermittelt wurde. Doch scheinen sich der Stellenwert und die Rolle der Medien zu verändern. Von Bedeutung sei hier die Allgegenwärtigkeit von Medien und deren steigende Nutzung durch Bezugspersonen von Kindern (Fleischer, 2014, S.305-306), aber auch die Verdrängung von Kindern aus dem öffentlichen Raum in Folge der Entwicklung urbaner Landschaften spiele eine entscheidende Rolle (Tillmann & Hugger, S.34). Hohes Verkehrsaufkommen und Bebauung veranlasse Kinder, sich mediale Räume anzueignen und interaktive Spielorte und Treffpunkte zu generieren (Tillmann & Hugger, S.34). Desweiteren seien die zunehmende Portabilität der Geräte sowie die steigende Medienkonvergenz wichtige Faktoren bezüglich medialer Veränderungsprozesse hinsichtlich kindlichen Lebenswelten (Tillmann & Hugger, 2014, S.31). Denn Kommunikation sei heute in wachsendem Ausmaß von Medien durchdrungen: Sie findet „sowohl rezeptiv und interpersonal als auch interaktiv statt und nimmt Einfluss auf die Persönlichkeitsentwicklung von Kindern" (Tillmann & Hugger, 2014, S.31). So würden sich bereits Kinder medial organisieren, inszenieren, ihre Entwicklungsaufgaben via medial verbundenen Freundschaftsgruppen bewältigen (Fuhs, 2014, S.314) und wie Fleischer und Grebe (2014) beschreiben, über einen „inneren Dialog mit Medieninhalten" (S.153) ihren Platz in der Welt aushandeln. Es erscheint daher nachvollziehbar, dass Medien laut Schweizer (2007) heute das Selbstverständnis von Kindern bestimmen (S.335).

Die Ergebnisse der KIM-Studie 2016 zum Medienumgang der Sechs- 13-Jährigen in Deutschland spiegeln die selbstverständliche Präsenz und Relevanz von Medien im kindlichen Alltag anhand von Zahlen wieder: So sehen 77% der Befragten jeden oder fast jeden Tag fern, wobei die Hälfte der Kinder zusätzlich über das Internet Fernsehinhalte oder Videos konsumiert (Feierabend et al., 2017, S.80). 66% gehen zumindest selten online, sowohl über ein Smartphone, welches bereits 32% der Kinder ihr Eigen nennen können oder über einen Computer/Laptop (Feierabend et al., 2017, S.79-80). Hinsichtlich der Internetnutzung steigen die Zahlen mit dem Alter: „Bei den Sechs- bis Siebenjährigen ist nur jeder Dritte online, mit acht bis neun Jahren dann jeder Zweite, bei den Zehn- bis Elfjährigen sind vier von fünf Kindern Internetnutzer und mit zwölf oder 13 Jahren sind dann fast alle Kinder (94%) im Internet unterwegs" (Feierabend et al., 2017, S.80). Zu den häufig ausgeführten online-Aktivitäten gehören „die Nutzung von Suchmaschinen, das Verschicken von WhatsApp-Nachrichten, das Anschauen von YouTube-Videos, die Nutzung von eigens für Kinder konzipierten Websites und auch das Surfen im Internet ohne bestimmtes Ziel" (Feierabend et al., 2017, S.80-81). 11% der Kinder, die das Internet nutzen, sind während des Surfens schon auf Inhalte gestoßen, die nach ihrer Einschätzung nicht für Kinder gedacht waren (Feierabend et al., 2017, S.81) – hier handelt es sich vermutlich auch um sexuelle Inhalte.

Die kontinuierliche Zunahme des Mediengebrauchs, insbesondere der Internetnutzung, mit dem Alter lässt auch ein Vergleich mit der JIM-Studie 2016 vermuten, in deren Rahmen 12-19-Jährige befragt wurden. Die Internetnutzung habe laut Feierabend, Karb und Rathgeb (2016) einen Höchststand erreicht: „Aktuell nutzen 87 Prozent das Internet (mindestens einmal) täglich, im Vorjahr waren es noch 80 Prozent [....] Der größte Anteil der Teilnehmer gehe über das Smartphone online (Feierabend et al., 2016, S.25). Auf die Frage welches diesbezüglich die wichtigsten Apps seien, wurden Instant Messenger, insbesondere WhatsApp und Snapchat, Kamera-Apps, vor allem die Bildbearbeitungsanwendung Instagram sowie soziale Netzwerke im Allgemeinen angegeben (Feierabend et al., 2016, S.30).

Der beträchtliche Raum, den insbesondere digitale Medien im Alltag von Kindern einnehmen, hätte laut Fuhs (2014) keineswegs ein Aussterben der „Spielkindheit im Freien" (S.316) zu Folge. So treiben beispielsweise auch nach den Angaben der KIM-Studie 2016 sieben von zehn Kindern Sport (S.79) und 92% spielen mindestens einmal pro Woche draußen (Feierabend et al., 2017, S.79). Fuhs (2014) beschreibt jedoch als wesentliches Zeichen der Zeit eine Verschränkung von Onground-Tätigkeiten und Medienkultur, im Sinne einer „Bedeutungskonvergenz" (S.316). So seien etwa Sport und Musik auf unterschiedlichen (medialen) Ebenen Teil kindlichen Erlebens: Kinder gehen gegebenenfalls zum Sportverein, spielen Sportspiele, sehen Wettkämpfe im Fernsehen oder Internet (Fuhs, 2014, S.316). Gleichermaßen spielen sie gegebenenfalls ein Instrument, hören und sehen Musik(-clips) über diverse Medien, informieren sich über ihre Lieblingsstars, orientieren sich an deren Outfit und verfolgen Talentshows (Fuhs, 2014, S.317).

Das Phänomen der Konvergenz – sowohl auf das Verschmelzen einzelner Medienformen, als auch das Ineinandergreifen zwischen Medien und Onground-Tätigkeiten bezogen, scheint hinsichtlich der Sexualisierung kindlicher Lebenswelten zumindest indirekt von Bedeutung zu sein. Denn sexualisiertes Verhalten von Celebritys beispielsweise ist somit durch die ständige ‚Anwesenheit' oder ‚Abrufbarkeit' allgegenwärtig.

3.3 Der Sexualisierungsdiskurs unter besonderer Berücksichtigung der medialen Repräsentation von Frauen und Symbolik der Mädchenfigur

„us females in the industry are role models and as such we have to be extremely careful what messages we send to other women. The message you keep sending is that its somehow cool to be prostituted [....] I would be encouraging you to send healthier messages to your peers (O'Connor, 2013, Abs.12). Mit diesem offenen Brief wendete sich Sängerin Sinéad O'Connor an Miley Cyus, die zuvor unter anderem mit ihrem freizügigen Auftritt im Musikvideo „Wrecking Ball" Aufsehen erregt hatte. Die Schauspielerin und Sängerin schien nackt auf einer Abrissbrine schwingend ihrem Hannah-Montana-Image[12] entfliehen zu wollen und tat somit

---

[12] In der 2006 bis 2011 ausgestrahlten Fernsehserie Hannah Montana verkörperte Miley Cyrus das Mädchen Miley Ray Stewart, welches ein Doppelleben führt: Tagsüber besucht sie die Middle bzw. High School, während sie am Abend als erfolgreiche Popsängerin Hannah Montana in Erscheinung tritt (The Walt Disney Company, o.J.).

laut Michael Hann (2013) von der Tageszeitung The Guardian das, was viele vormals als Kinderstars in Erscheinung getretene Frauen tun: „she's embraced sexualisation" (Abs.3).

Zwar richtete sich Miley Cyrus' Musikvideo nicht an ihre minderjährigen Fans aus Hannah-Montana-Zeiten, doch es ist zu vermuten, dass Kinder und Jugendliche den Werdegang ihres Idols via Internet weiterhin verfolgen (siehe auch 3.3, sowie Fuhs, 2014, S.317) und freizügige, erotische Präsentationen das Selbstbild von jungen Menschen beeinflussen, wie auch O'Connor (2013) befürchtete. Denn Stars würden bezüglich der Sozialisation von Kindern eine zentrale Rolle einnehmen (Schuegraf, 2014, S.343), wobei zu Bedenken ist, dass in „einer zunehmend fragmentierten medialen Welt [...] häufig eher Facetten und einzelne Lebensbereiche von Personen [...] Vorbildcharakter einnehmen" (Schuegraf, 2014, S.345). Hannah Montana beispielsweise könnte Mädchen beispielsweise durchaus bei der Entwicklung ihrer sexuellen Identität[13] als Orientierung gedient haben, denn nach Schuegraf (2014) begleitete Hannah Mädchen in einer Phase der Identitätsbildungsprozesse (S.345). Da Miley Cyrus zum Zeitpunkt ihres Wrecking Ball-Auftritts ihre Hannah-Vorbildfunktion laut KIM-Studie 2014 (Feierabend, Plankenhorn & Rathgeb, S.19) noch nicht eingebüßt zu haben schien[14] und aufgrund der Tatsache, dass wie bereits erwähnt, bereits sehr junge Kinder auf das Internet zugreifen können (siehe 3.2), ist zu vermuten, dass Cyrus' sexualisiertes Verhalten auch Minderjährigen nicht verborgen geblieben ist. Inwieweit jedoch sexualisierte mediale Outputs Kinder in ihrem Selbstbild beziehungsweise in ihrer angestrebten Selbstpräsentation beeinflussen und inwieweit Mädchen zur Selbstsexualisierung (siehe Abschnitt 4) neigen, hänge bei Mädchen maßgeblich auch vom Grad mütterlicher Selbstobjektivierung beziehungsweise deren Selbstbild (Starr & Ferguson, 2012) und dem Bindungsverhalten von Kindern ab (Voigt, 2016, S.125). Im Allgemeinen ergäbe sich die jeweilige Vorbild- und Orientierungsfunktion von Celebrities durch die Konstruktion eines an die jeweiligen kindlichen Bedürfnisse angepassten und zugleich als Projektionsfläche dienenden Celebrity-Selbst (Schuegraf, 2014, S.345-46).

---

[13] „Die sexuelle Identität ist das grundlegende Selbstverständnis der Menschen davon, wer sie als geschlechtliche Wesen sind, wie sie sich selbst wahrnehmen und wie sie von anderen wahrgenommen werden wollen" (Dreier, Kugler & Nordt, 2012, S.12).

[14] In der KIM-Studie 2014 zählte Miley Cyrus bzw. die Figur Hannah Montana zu den häufigsten Nennungen bezüglich der Frage nach Vorbildern/Idolen der befragten Sechs-13-Jährigen (Feierabend, Plankenhorn & Rathgeb, S.19).

Die Konfrontation mit sexualisierten Inhalten beziehungsweise Abbildungen im „Porno-Chic"-Stil[15] (Schuegraf & Tillmann, 2011), stelle nach Gunter (2014) eine Form indirekter Sexualisierung dar (S.16). Von unmittelbarer Sexualisierung könne die Rede sein, wenn Kinder selbst so zurechtgemacht werden, dass die Aufmerksamkeit auf ihre noch nicht voll entwickelten sexuellen Attribute gelenkt wird (Gunter, 2014, S.16; American Psychological Assocation, 2007, S.1). Wie Etschenberg (Deutschlandfunk Kultur, 2013) feststellt, sei diese direkte Form in Deutschland bisher nur vereinzelt der Fall, doch sie betont: „Der Trend ist eindeutig" (Abs.3) – genderstereotype, sexualisierte Spielzeuge und sexualisierte Kindermode würden zur Sexualisierung der Kindheit beitragen (Deutschlandfunkt Kultur, 2013, Abs.7; Schuegraf & Tillmann, 2011, S.17).

Das bereits erwähnte, allgegenwärtige Motto „sex sells" und Sexappeal als Kommerz-Motor sei in Bezug auf junge Konsumentinnen als problematisch anzusehen, da Kinder die ihnen vermittelten Botschaften und an sie herangetragenen Anforderungen noch nicht verarbeiten beziehungsweise integrieren können (Gunter, 2014, S.15). Dies hätte zur Folge, dass insbesondere Mädchen ein niedriges Selbstbewusstsein, geschlechtsstereotype Ansichten und Körperschemastörungen entwickeln oder problematisches Sexualverhalten an den Tag legen (Gunter, 2014, S.27-32; Tankard Reist, 2012) – Faktoren, die Unsicherheit beziehungsweise Vulnerabilitäten schaffen und, wie unter Punkt 2.3 erwähnt, potentiellen Tätern hinsichtlich sexueller Übergriffe den Zugang erleichtern und demnach als Riskofaktoren einzustufen sind.

Ob es sich nun in Cyrus' Fall um die Ausbeutung eines orientierungslosen, ehemaligen Teenie-Idols durch die Musikindustrie oder doch um aktives Empowerment einer jungen, selbstbestimmten Frau im Sinne des Feminismus handelt, darüber wurde in der Öffentlichkeit ausgiebig diskutiert (Ellen & Brandes, 2013; Hipfl, 2015). Die Debatte um Miley Cyrus' Auftreten verdeutlicht Hipfl (2015) zufolge einerseits die untrennbare Verbindung von Mediatisierung und Sexualisierung (S.17) und lässt andererseits erkennen, dass dem Sexualisierungsdiskurs eine binäre Konstruktion zugrundeliegt, nach der Mädchen einerseits als Akteurinnen sowie Repräsentanten postfeministischer „girl power" (Hipfl, 2015, S.20) gelten,

---

[15] „Mit Porno-Chic werden hier beispielsweise Bühnenbekleidung und darstellerische Mittel bezeichnet, die aufgrund ihrer freizügigen und teils obszönen Inszenierung – z. B. in Form des Stangentanzes – an die Pornoindustrie erinnern" (Schuegraf & Tillmann, 2011, S.16).

andererseits als gefährdete „girls at risk" (Hipfl, 2015, S.20) gesehen werden, wobei Renold und Ringrose (2013) kritisieren, dass eben jener Diskurs das starre binäre System einer passiv-weiblichen – und somit stets riskanten Sexualität – und räuberisch-männlichen Sexualität verfestigt (S.248).

Die 17-Jährige Kate Holliday (2015) kommentiert die ambivalente Situation von Frauen im Spannungsfeld zwischen Empowerment und Ausbeutung während der postfeministischen Ära in ihrem Blogbeitrag der Huffpost treffend wie folgt: „It is often hard to tell where the power lies; whether the narrative of empowerment and liberation is legitimate, or simply sexism in a shiny new package" (Abs.5).

Fakt ist, dass der Sexualisierungsdiskurs von Diskussionen um die gesellschaftliche Position und Ausbeutung von Frauen und Mädchen, deren medialen Repräsentationen (Gunter, 2014; Renold & Ringrose, 2013) beziehungsweise dem wachsenden „global girl market, where 'girl' becomes synonymous with 'sex'" (Renold & Ringrose, 2013, S.249) dominiert wird. Jungen und Männern[16] würde im Sexualisierungsdiskurs weniger Beachtung geschenkt werden, obgleich jede Person von Sexualisierung betroffen sein könne (Gunter, 2014, S.4; American Psychological Association, 2007, S.1). Möglicherweise basiert dies auf dem derzeitigen, wie Hipfl (2015) ausführt, „nostalgischen Wunsch nach einer Rückkehr zu alten Werten, zu denen auch Anständigkeit und Unschuld von Mädchen zählen" (S.21). Faulkner (2010) postuliert ferner eine prinzipielle Krise des Wertes 'Unschuld' (S.14). Die Figur des Mädchens sei als ein „Talisman oder Abwehrmechanismus" (Hipfl, 2015, S.21) zu sehen und diene Erwachsenen als Schutzwall gegenüber der aktuell herrschenden Lebensunsicherheit.

Ungeachtet der Sehnsucht nach mädchenhafter Reinheit in Mitten einer verdorbenen sexuellen Landschaft (Renold & Ringrose, 2013, S.249) und einer öffentlich breit diskutierten „moral panic" bezogen auf das weiße, heterosexuelle Mittelschichtmädchen (Hipfl, 2015, S.20; Renold & Ringrose, 2013, S.249), seien die tatsächlichen Wünsche und Fantasien von Mädchen in Bezug auf Sexualität und ihr Umgang mit Erwartungen der Erwachsenenwelt bisher kaum untersucht worden

---

[16] So wie Lenz (2014) eine „systematische Verdeckung männlicher Verletzbarkeit" (S.18) aufgrund genderstereotyper, traditioneller Zuschreibungen postuliert, die bewirke, dass sexuelle Gewalt an Jungen weniger ernstgenommen und in höherem Ausmaß verdrängt werde, als es bei Mädchen der Fall sei, könnten starre, althergebrachte Geschlechterkonstruktionen möglicherweise auch für die Vernachlässigung von Jungen und Männern hinsichtlich des (medialen) Sexualisierungsdiskurses verantwortlich sein.

(Hipfl, 2015, S.19; Renold & Ringrose, 2013, S.248). ‚Das Mädchen' diene in seiner „Funktion eines leeren Gefäßes" (Egan, 2013, S.77; zitiert nach Hipfl, 2015, S.21) vielmehr als Projektionsfläche unserer ambivalenten Wünsche und Ängste, wie Faulkner (2010) am Beispiel von Nabokovs ‚Lolita'[17] verdeutlicht:

> Humbert cites Lolita's precocious experimentation with other children, her interest in Hollywood celebrity and her penchant for an arousing style of dress, as proof of her knowledge of her appeal. But it is ultimately Lolita's unknowingness, or innocence, that Humbert desires, and the uncertain equivocation between naivety and awareness (innocence and guilt) that keeps him enthralled. (Faulkner, 2010, S.11)

Für Faulkner (2010) repräsentiert ‚Lolita' „unwitting sexual precocity of young girls in search of adult approval" (S.11). Der Kern dieser erstrebten Anerkennung durch die Erwachsenenwelt entspringt einerseits vermutlich dem Aufstieg der Unschuld zum Fetisch (Faulkner, 2010; Hipfl, 2015; Renold & Ringrose, 2013) bei parallel stattfindender Sexualisierung der Kindheit und Infantilisierung der Erwachsenenwelt (Faulkner, 2010). Andererseits beruhe diese Anerkennung auf der Normalisierung der kommerziellen Sexualisierung von Mädchen, einer „Corporate Paedophilia[18]" (Bray, 2008, S.324) bei gleichzeitiger Pathologisierung und Banalisierung darauf bezogener kritischer Äußerungen als feministische Aversion und Child Sexual Abuse (CSA)-Panikmache (Bray, 2008).

Die ambivalenten, divergenten Positionen innerhalb des Sexualisierungsdiskurses beziehungsweise die binäre Konstruktion des ‚Mädchens' spiegeln die Herausforderungen, denen Frauen und Mädchen angesichts der eingangs von Voigt (2016) genannten Symptome des aktuellen gesellschaftlichen Zustandes westlicher Gesellschaften (S.132) gegenüberstehen laut Renold und Ringrose (2011) unzureichend wieder und die Autoren erklären, es sei über die statische, binäre Kategorisierung von Mädchen als „savvy sexual agents or „objectified sexualized victims" (S.404) hinaus notwendig, die Schwierigkeiten zu betrachten, die mit dem

---

[17] *Lolita* is a fractured love story told from the perspective of a middle-aged paedophile, about his infatuation with a 12 year old girl (Faulkner, 2010, S.10).

[18] „'Corporate paedophilia' (as both a term and a discussion paper) strategically shames corporate culture by mobilising powerful child protection discourses against the corporate colonisation of girls' sexuality" (Bray, 2008, S.324).

Ausbalancieren von „schizoid sexual subjecitivies"[19] (Renold & Ringrose, 2011, S.404) und demnach komplexen sexuellen Identitäten und Rollen einhergehen.

Wie vor dem Hintergrund dieser ambivalenten Positionen und medialen Repräsentationen von Frauen und Mädchen und deren daraus resultierender Selbstsexualisierung, das Präventionsthema „Das Recht auf körperliche und sexuelle Selbstbestimmung" (Deegener, 2010, S.180) und die zugehörigen Botschaften von Mädchen integriert wird, beziehungsweise welche Hindernisse und Chancen sich aus den aktuellen gesellschaftlichen Phänomen für die Mädchen diesbezüglich ergeben, wird im Folgenden exemplarisch anhand der Botschaften: „'Dein Körper gehört ganz allein dir'; ‚Dein Körper ist liebenswert und einzigartig'; ‚Du hast das Recht zu bestimmen, wer dich wann, wie und wo anfasst'; ‚Dein Körper ist wertvoll, du hast das Recht ihn zu beschützen'" (Deegener, 2010, S.180) diskutiert.

---

[19] Obgleich schizoide Eigenschaften im klinisch-psychiatrischen Kontext etwa „Schüchternheit, Kontaktschwäche, Menschenscheu, Einzelgängertum, gesteigerte Empfindsamkeit, Unzufriedenheit, starke Minderwertigkeitsgefühle, Eigensinn, Grübelneigung, mangelnde Zärtlichkeit und Anhänglichkeit" umfassen (Eggers & Röpke, 2012, S.444), geht aus Renold & Ringrose (2011) Analyse hervor, dass sie ‚schizoid' in diesem Kontext in Anlehnung an diverse Konzepte von ihnen zitierter Autoren (hier werden bsw. Braidotti, 2006; Deleuze & Guatarri, 1987; Kemp, 2009 genannt) als fragmentiert, gegensätzlich, widersprüchlich, gespalten definieren.

4 „Das Recht auf körperliche und sexuelle Selbstbestimmung" – Diskussion einer Präventionsbotschaft bezüglich sexueller Gewalt im Kontext der Selbstsexualisierung frühadoleszenter Mädchen

Mädchen sind zweifelsohne im Hinblick auf ihre Körperlichkeit und Sexualentwicklung komplexen, ambivalenten Botschaften ausgesetzt, die einerseits darauf abzielen, sie vor sexueller Gewalt und/oder Ausbeutung im Allgemeinen zu schützen und ihnen die Einzigartigkeit und den Wert ihres Körpers zu vermitteln, wie anhand des Präventionsthemas „Das Recht auf körperliche und sexuelle Selbstbestimmung" (Deegener, 2010, S.180) deutlich wird, andererseits über mediale Repräsentationen zu sexualisiertem Auftreten aufrufen, sei es im Sinne des Empowerments oder tatsächlich einer „Corporate Paedophilia" (Bray, 2008). Das Navigieren auf dem schmalen Grat zwischen diesen beiden Polen – Selbstbestimmung und Ausbeutung – und die Vermischung von unterschiedlichen (kommerziellen und/oder persönlichen) Intentionen innerhalb einer nach Renold und Ringrose (2011) gesellschaftlich etablierten, schizoiden Formation aus Unschuld und Sexiness, könne anti-lineare Persönlichkeitsentwicklungen zur Folge haben und möglicherweise zu einer „normative schizoid subjectivity (where contradictions must be managed)" (Renold und Ringrose, 2011, S.403) führen. Jene Widersprüchlichkeiten zeigen sich im Handeln von Mädchen beziehungsweise in der Diskrepanz zwischen der Bewertung ihres Handelns durch Außenstehende und durch sie selbst. Wie im Folgenden anhand des Erlebens und Verhaltens der von Dangendorf (2012) befragten Mädchen dargelegt wird, können beschriebene sexualisierte mediale Strömungen zur Selbstsexualisierung führen und die Verinnerlichung des „Recht[s] auf körperliche und sexuelle Selbstbestimmung" (Deegener, 2010, S.180) auf individueller Ebene behindern.

So könnte die sexualisierte Aufmachung der von Dangendorf (2012) befragten frühadoleszenten Mädchen im Alter zwischen zehn und dreizehn Jahren als eine Art ‚selbstbestimmte Sexualisierung' beschrieben werden – ein Widerspruch in sich. Denn laut der American Psychological Association (2007) tritt Selbstsexualisierung in Folge der Internalisierung eines sexualisierten, von Peers und/oder Gesellschaft anerkannten Standards auf (S.2) und es wäre zu diskutieren, inwieweit hier eine Selbstbestimmung vorliegt. Ungeachtet dessen, kann die subjektive Bedeutung dieser Selbstinszenierung aus der Perspektive der Mädchen in jedem

Fall von der durch die Umwelt zugeschriebenen Bedeutung erheblich abweichen, wie anhand von Dangendorfs (2012) Ausführungen deutlich wird.

Die befragten Mädchen würden sich zwar *visuell* sexualisiert präsentieren, bezeichnen sich selbst jedoch gleichzeitig als Kinder (Dangendorf, 2012, S.308). Von der Öffentlichkeit wird das Auftreten der Mädchen im Bezug auf ihren Entwicklungsstand als unangemessen wahrgenommen (Dangendorf, 2012, S.10), als zu freizügig, zu ‚sexuell', wonach bereits eine Sexualisierung im Sinne der American Psychological Association (2007) zutrifft (siehe 3.1), obgleich die Selbstbeschreibung der Mädchen sexuelles Interesse und damit eine sexualisierte Identität widerlegt (Dangendorf, 2012, S.308). Als weiteres Beispiel für eine derartige Diskrepanz zwischen subjektiver Bedeutung und gesellschaftlicher Interpretation, könnte die Nutzung des playboy bunny-Symbols im Bebo-Profil[20] von Mädchen herangezogen werden, die von Renold und Ringrose (2011) untersucht wurde. Die 16-jährige Tori beschreibt die gegensätzliche Auffassung dieses Symbols wie folgt:

J: What does it mean to you, the symbol?

T: To most people it means like the Playboy mansion and all the girls and that but with girls it's just the bunny and like girls like rabbits.

[....]

J: Ok, so you know other people might think of it as like the Playboy mansion?

T: Yeah [...] It's other people's opinion, it's completely up to them. I just like it because of the picture. (Renold & Ringrose, 2011, S.398)

Die Äußerungen der von Dangendorf (2012) interviewten Mädchen sowie die Untersuchungen von Renold und Ringrose (2011) zur Präsentation von Mädchen in sozialen Netzwerken könnten, abstrahiert betrachtet, Parallelen zur Lolita-Figur aufweisen, welche wie Faulkner (2010) postuliert, als gesellschaftliche Projektion menschlicher, ambivalenter Sehnsüchte und Diskrepanzen fungiert. Tori benutzt ein sexuelles Symbol, welches sie selbst nicht als solches für sich bewertet und die Mädchen aus Dangendorfs (2012) Untersuchungen geben sich sexualisiert, beschreiben ihre Identität jedoch als ‚kindlich unschuldig'. Das Umfeld, die Gesell-

---

[20] Bei Bebo handelt es sich um das im Jahr 2008 beliebteste soziales Netzwerk unter britischen Jugendlichen (Renold & Ringrose, 2011, S.395)

schaft hingegen, interpretieren das Verhalten der Mädchen anders – sexualisiert im identitätsstiftenden, ganzheitlichen, ‚erwachsenen' Sinn.

Wie aber ist die visuell sexualisierte Präsentation der Mädchen im Speziellen hinsichtlich der Prävention von sexueller Gewalt zu deuten?

„Dein Körper gehört ganz allein dir" (Deegener, 2010, S.180), als erste Teilbotschaft, wird hier, so könnte argumentiert werden, von den Mädchen auf der Verhaltensebene durchaus umgesetzt, indem sie mit ihrem Körper tun was sie wollen, „ihr attraktives Äußeres einerseits als eigenverantwortliches Subjekt konstruieren, andererseits [sich] jedoch von all den Rückschlüssen abgrenzen, die v.a. auf Ebene der Wissenschaften aus ihrem Schönheitshandeln gezogen werden" (Dangendorf, 2012, S.308). So sei das Handeln der Mädchen weder als Zeichen von Devianz, Auflehnung oder sexueller Frühreife, noch als Zeichen des Wiederauflebens traditioneller Geschlechterrollen zu bewerten (Dangendorf, 2012, S.308), sondern – und hier stellt sich die Frage, inwieweit von präventiver, körperlicher Selbstbestimmung und Empowerment der Mädchen ausgegangen werden kann – die Mädchen erklären laut Dangendorf (2012) ihre „Handlungen als Akt der Normalisierung. So passen sie sich der von ihnen als Weg zu Glück und Erfolg verstandenen Notwendigkeit der Selbstinszenierung an" (S.308). Zeigt sich hier die „corporate paedophila" nach Bray (2008) als Introjektion, als Verinnerlichung einer impliziten Aufforderung? Reflektieren die Mädchen unbewusst die auf sie projizierte, gesellschaftliche Sehnsucht nach einer Lolita „between naivety and awareness" (Faulkner, 2010, S.11), bringen sich dadurch selbst in Gefahr und müssen so als „girls at risk" (Hipfl, 2015, S.20) gelten? Eine Gefährdung ergibt sich wohlmöglich aus eben jenem Widerspruch zwischen der sexualisiert wirkenden Selbstinszenierung und der Selbstzuschreibung einer kindlichen Identität. So könne visuell sexualisiertes Auftreten potentielle Täter anziehen (Elliott, Browne & Kilcoyne, 1995, S.584). Doch es stellt sich die Frage, ob eine verfrüht sexualisierte Identität nicht ausschlaggebender und hinsichtlich der Umsetzung von Grenzverletzungen als risikobehafteter zu bewerten wäre, denn eine rein visuell sexualisierte Selbstpräsentation, wenn sie denn rein visuell stattfindet, was im Rahmen der Auseinandersetzung mit der zweiten Teilbotschaft hinterfragt wird.

Auch die zweite Teilbotschaft „Dein Körper ist liebenswert und einzigartig" (Deegener, 2010, S.180) erscheint im Kontext der Selbstsexualisierung als Folge eines Anpassungsversuchs an eine sexualisierte, gesellschaftliche Norm wenig bestärkend: Können die Mädchen erst durch sexualisiertes Auftreten ihren Körper annehmen und ihn durch die Gesellschaft als angenommen wahrnehmen? Sehen sie visuelle Sexualisierung als notwendig an, um sich ‚besonders' zu fühlen und stolz auf ihren Körper zu sein? Voigt (2016) macht darauf aufmerksam, dass Selbstsexualisierung grundsätzlich als Symptom für Bindungsprobleme und vorhandene emotionale Vulnerabilität zu betrachten sei (S.125) – somit würde die emotionale Vernachlässigung von Mädchen durch deren sexualisierter Selbstinszenierung erst sichtbar werden und es handele sich nicht lediglich um eine Form der Normalisierung. Träfe diese Annahme zu, könnten geschickte potentielle Täter sich die zweite Teilbotschaft zu Nutze machen, indem sie bedürftigen Mädchen im Rahmen des Grooming-Prozesses (siehe 2.3) eine sexualisierte ‚Liebe' bieten, was wiederum dazu führen könnte, dass die dritte Teilbotschaft für Mädchen an Relevanz verliert: „Du hast das Recht, zu bestimmen, wer dich wann, wie und wo anfasst" (Deegener, 2010, S.180). Schließlich könnte im worst-case-Szenario die Ablehnung der vierten Teilbotschaft folgen: „Dein Körper ist wertvoll, du hast das Recht, ihn zu beschützen" (Deegener, 2010, S.180).

Hinsichtlich der potentiell gefährdenden, sexualisierenden Wirkung medialer Darstellungen ist jedoch relativierend festzustellen, dass sexuelle Botschaften immer auf bereits etablierte beziehungsweise angelegte sexuelle Skripte von Mädchen treffen und dass „neue Informationen eher angenommen werden, wenn sie in die vorhandenen Skripte oder zu den vorhandenen Skripten passen, während andere eher als unpassend oder unangenehm oder verunsichernd zurückgewiesen werden" (Vollbrecht, 2010, S.156). Hier sei laut Voigt (2016) die Beziehung zu den Eltern und die durch die Bezugspersonen vermittelten, verbindlichen Werte als Wegweiser entscheidend (S.226). „Einen besseren Schutz gegen die zunehmende Sexualisierung gibt es nicht" (Voigt, 2016, S.226). Dies legt die Vermutung nahe, dass zum Einen die Medien hinsichtlich einer Gefährdung im Kontext sexueller Gewalt und (Selbst-)Sexualisierung von Mädchen eher als Katalysator angesehen werden sollten, denn als ausschlaggebende oder gar ursächliche Kraft. Zum Anderen spräche auch nach Voigt (2016) Selbstsexualisierung von Mädchen – der Autor bezieht sich hierbei auf die sexualisierte Selbstinszenierung in sozialen Netzwerken – weder einzig für pubertäre, hormonelle Umstellungen, noch für ein Ausprobieren, sondern für emotionale Defizite (S.225). Folgerichtig ist in erster Linie dieses Defizit bezüglich der Prävention sexueller Gewalt relevant und sexualisierte Mediendarstellungen und Selbstsexualisierung können hinsichtlich einer Gefährdung und Selbstsexualisierung lediglich als verstärkende Faktoren verstanden werden, die vor allem dann wirken, wenn bereits Vulnerabilitäten oder Defizite vorhanden sind. Hier wird wiederum die Wechselbeziehung zwischen Medien, gesellschaftlichen Diskursen und familiären Faktoren deutlich.

5 Fazit und Implikationen für die Prävention sexueller Gewalt von Kindern und Jugendlichen

Insbesondere aufgrund der Konfrontation von Kindern mit medialen, sexualisierter (Selbst-)Darstellungen sowie im Hinblick auf die Selbstsexualisierung von frühadoleszenten Mädchen ist ersichtlich, dass Prävention sexueller Gewalt auch auf der Makroebene stattfinden sollte, da Kinder nicht zuletzt über medial vermittelte gesellschaftliche Einflüsse mit sexuellen Themen konfrontiert werden (Wurtele & Kenny, 2012, S.554). Prävention sei daher als übergreifende, ökologische Metastrategie aufzufassen und umzusetzen (Fegert, Hoffmann, König, Niehues, & Liebhardt, 2015, S.360; Wurtele & Kenny, 2012, S.557). Dies bedeute auch, die Prävention sexueller Gewalt (medien-)pädagogisch zu begleiten, um eine unreflektierte Übernahme medial vorgelebter, sexualisierter Verhaltensweisen durch Kinder –insbesondere emotional bedürftige Mädchen – zu vermeiden (Wurtele & Kenny, 2012, S.555). Denn es lässt sich feststellen, dass Medien „mittlerweile zumindest so etwas wie eine weitere wichtige Sozialisationsinstanz – neben Eltern, Schule und Peers – für Kinder und Jugendliche darstellen" (Martin, 2015, S.354).

Ambivalenzen sollten aufgegriffen und mit Kindern diskutiert werden, um ihnen den Weg zur Entwicklung einer selbstbestimmten sexuellen Identität zu ermöglichen und sie zu stärken, damit der Satz „Dein Körper gehört ganz allein dir" (Deegener, 2010, S.180) keine Floskel bleibt.

Wie sich Sexualisierung von Mädchen sich auf Jungen (oder Trans-Personen) auswirkt beziehungsweise inwieweit sie selbst sexualisiert werden und wie/ob ihre Annahmen, (impliziten) Frauenbilder und Vorurteile über eine Wechselbeziehung wiederum Mädchen beeinflussen und inwieweit dies für Präventionsarbeit relevant ist, sollte untersucht werden, da die komplexen interaktionalen Prozesse, die zum Aufbau einer selbstbestimmten Persönlichkeit und damit zur Prävention beitragen, nicht unabhängig voneinander gesehen werden können.

Literaturverzeichnis

Aigner, J. C., Hug, T., Schuegraf, M. & Tillmann, A. (2015). Editorial. In J. C. Aigner, T. Hug, M. Schuegraf & A. Tillmann (Hrsg.), *Medialisierung und Sexualisierung. Vom Umgang mit Körperlichkeit und Verkörperungsprozessen im Zuge der Digitalisierung* (S. 7–13). Wiesbaden: Springer Fachmedien Wiesbaden

American Psychological Association. (2007). *Report of the APA Task Force on the Sexualization of Girls*. Verfügbar unter https://www.apa.org/pi/women/programs/girls/report-full.pdf

Arbeitsstab des Unabhängigen Beauftragen für Fragen des sexuellen Kindesmissbrauchs (Arbeitsstab des Unabhängigen Beauftragten für Fragen des sexuellen Kindesmissbrauchs, Hrsg.). (2016). *Kein Raum für Missbrauch*. Zugriff am 04.06.2017. Verfügbar unter https://www.kein-raum-fuer-missbrauch.de/fileadmin/Content/Downloads/Print/UBSKM_Basisflyer_72dpi.pdf

Bachmair, B., Pachler, N. & Cook, J. (2014). Kulturökologie, Medien und Mediennutzung. In A. Tillmann, S. Fleischer & K.-U. Hugger (Hrsg.), *Handbuch Kinder und Medien* (Digitale Kultur und Kommunikation, Bd. 1, S. 137–151). Wiesbaden: Springer VS.

Bange, D. (2003). Das alltägliche Delikt: Sexuelle Gewalt gegen Mädchen und Jungen. Zum aktuellen Forschungsstand. In U. Enders (Hrsg.), *Zart war ich, bitter war's. Handbuch gegen sexuellen Missbrauch* (KiWi, Bd. 785, Vollst. überarb. u. erw. Neuausg., 1. Aufl., S. 21–28). Köln: Kiepenheuer & Witsch.

Bange, D. (2015). Gefährdungslagen und Schutzfaktoren bei Kindern und Jugendlichen in Bezug auf sexuellen Kindesmissbrauch. In J. M. Fegert, U. Hoffmann, E. König, J. Niehues & H. Liebhardt (Hrsg.), *Sexueller Missbrauch von Kindern und Jugendlichen. Ein Handbuch zur Prävention und Intervention für Fachkräfte im medizinischen, psychotherapeutischen und pädagogischen Bereich ; mit 22 Tabellen ; [plus Extras online]* (S. 103–107). Berlin: Springer.

Basile, K. C., Smith, S. G., Breiding, M. J., Black, M. C. & Mahendra, R. (2014). *Sexual Violence Surveillance. Uniform Definitions and Recommended Data Elements* (Version 2.0). National Center for Injury Prevention and Control, Centers for Disease Control and Prevention. Verfügbar unter https://www.cdc.gov/violenceprevention/pdf/sv_surveillance_definitions l-2009-a.pdf

Beier, K. M. (1998). Differential typology and prognosis for dissexual behavior - a follow-up study of previously expert-appraised child molesters. *International Journal of Legal Medicine, 111* (3), 133–141. https://doi.org/10.1007/s004140050133

Beier, K. M. & Loewit, K. (2011). *Praxisleitfaden Sexualmedizin. Von der Theorie zur Therapie.* Berlin, Heidelberg: Springer Berlin Heidelberg. https://doi.org/10.1007/978-3-642-17162-8

Bennett, N. & O'Donohue, W. (2014). The construct of grooming in child sexual abuse: conceptual and measurement issues. *Journal of child sexual abuse, 23* (8), 957–976. https://doi.org/10.1080/10538712.2014.960632

Bieneck, S., Stadler, L. & Pfeiffer, C. (2011). *Erster Forschungsbericht zur Repräsentativbefragung Sexueller Missbrauch 2011* (Stand: 17.10.2011). Hannover: KfN.

Black, P. J., Wollis, M., Woodworth, M. & Hancock, J. T. (2015). A linguistic analysis of grooming strategies of online child sex offenders: Implications for our understanding of predatory sexual behavior in an increasingly computer-mediated world. *Child abuse & neglect, 44,* 140–149. https://doi.org/10.1016/j.chiabu.2014.12.004

Bray, A. (2008). THE QUESTION OF INTOLERANCE. *Australian Feminist Studies, 23* (57), 323–341. https://doi.org/10.1080/08164640802233286

Bundesministerium der Justiz; Bundesministerium für Familie, Senioren, Frauen und Jugend & Bundesministerium für Bildung und Forschung. (2011). *Abschlussbericht. Runder Tisch Sexueller Kindesmissbrauch in Abhängigkeits- und Machtverhältnissen in privaten und öffentlichen Einrichtungen und im familiären Bereich.* Berlin. Zugriff am 09.06.2017. Verfügbar unter http://www.bmjv.de/SharedDocs/Downloads/DE/Fachinformationen/Ab schlussbericht_RTKM.pdf?_blob=publicationFile

Bundesministerium der Justiz und für Verbraucherschutz. (1998). Straftaten gegen die sexuelle Selbstbestimmung. Zugriff am 10.07.2017. Verfügbar unter https://www.gesetze-im-internet.de/stgb/BJNR001270871.html

Bundschuh, C. (2001). *Pädosexualität. Entstehungsbedingungen und Erscheinungsformen*. Zugl.: Bielefeld, Univ., überarb. Diss., 1998. Opladen: Leske und Budrich.

Conte, J. R., Wolf, S. & Smith, T. (1989). What Sexual Offenders tell us about Prevention Strategies. *Child abuse & neglect, 13*, 293–301.

Craven, S., Brown, S. & Gilchrist, E. (2006). Sexual grooming of children. Review of literature and theoretical considerations. *Journal of Sexual Aggression, 12* (3), 287–299. https://doi.org/10.1080/13552600601069414

Dangendorf, S. (2012). *Kleine Mädchen und High Heels. Über die visuelle Sexualisierung frühadoleszenter Mädchen* (Gender Studies). Bielefeld: transcript. https://doi.org/10.14361/transcript.9783839421697

Deegener, G. (2010). *Kindesmissbrauch. Erkennen, helfen, vorbeugen* (5., komplett überarb. Aufl.). Weinheim: Beltz.

Deutschlandfunk Kultur. (2013). *"Der Trend geht in die Richtung, Kinder in die Erwachsenenwelt zu ziehen". Erziehungswissenschaftlerin warnt vor der Sexualisierung der Kinder*. Zugriff am 03.08.2017. Verfügbar unter http://www.deutschlandfunkkultur.de/erziehung-der-trend-geht-in-die-richtung-kinder-in-die.1008.de.html?dram:article_id=273160

Dombert, B., Schmidt, A. F., Banse, R., Briken, P., Hoyer, J., Neutze, J. et al. (2016). How Common is Men's Self-Reported Sexual Interest in Prepubescent Children? *Journal of sex research, 53* (2), 214–223. https://doi.org/10.1080/00224499.2015.1020108

Dreier, K., Kugler, T. & Nordt, S. (2012). Glossar zum Thema geschlechtliche und sexuelle Vielfalt im Kontext von Antidiskriminierung und Pädagogik. In S. Nordt & T. Kugler (Hrsg.), *Geschlechtliche und sexuelle Vielfalt in der pädagogischen Arbeit mit Kindern und Jugendlichen. Handreichung für Fachkräfte der Kinder- und Jugendhilfe* (S. 1–16). Berlin: Queerformat. Zugriff am 24.08.2017. Verfügbar unter http://www.queerformat.de/fileadmin/user_upload/news/120622_SexuelleVielfalt_Glossar.pdf

Eggers, C. & Röpke, Bernd, Röpcke (2012). Schizophrenie. In J. M. Fegert, C. Eggers & F. Resch (Hrsg.), *Psychiatrie und Psychotherapie des Kindes- und Jugendalters* (2., vollständig überarbeitete und aktualisierte Auflage, S. 437–496). Berlin, Heidelberg: Springer-Verlag Berlin Heidelberg.

Ellen, B. & Brandes, B. (The Guardian, Hrsg.). (2013). *Miley Cyrus: exploited or empowered?* Zugriff am 01.08.2017. Verfügbar unter https://www.theguardian.com/commentisfree/2013/oct/06/miley-cyrus-exploited-empowered-debate

Elliott, M., Browne, K. & Kilcoyne, J. (1995). Child sexual abuse prevention. What offenders tell us. *Child abuse & neglect, 19* (5), 579–594. https://doi.org/10.1016/0145-2134(95)00017-3

Enders, U. (2003a). Auch Blicke und Worte können verletzen! Formen der sexuellen Ausbeutung von Mädchen und Jungen. In U. Enders (Hrsg.), *Zart war ich, bitter war's. Handbuch gegen sexuellen Missbrauch* (KiWi, Bd. 785, Vollst. überarb. u. erw. Neuausg., 1. Aufl., S. 29–34). Köln: Kiepenheuer & Witsch.

Enders, U. (2003b). Die zwei Gesicher der Täter und Täterinnen. In U. Enders (Hrsg.), *Zart war ich, bitter war's. Handbuch gegen sexuellen Missbrauch* (KiWi, Bd. 785, Vollst. überarb. u. erw. Neuausg., 1. Aufl., S. 53–114). Köln: Kiepenheuer & Witsch.

Faßler, M. (2015). Mediale Erregungen des Körpers: Online Dating – Offline Mating? In J. C. Aigner, T. Hug, M. Schuegraf & A. Tillmann (Hrsg.), *Medialisierung und Sexualisierung. Vom Umgang mit Körperlichkeit und Verkörperungsprozessen im Zuge der Digitalisierung* (S. 129–156). Wiesbaden: Springer Fachmedien Wiesbaden.

Faulkner, J. (2011). *The importance of being innocent. Why we worry about children* (Australian encounters). Cambridge: Cambridge University Press.

Fegert, J. M., Hoffmann, U., König, E., Niehues, J. & Liebhardt, H. (Hrsg.). (2015). *Sexueller Missbrauch von Kindern und Jugendlichen. Ein Handbuch zur Prävention und Intervention für Fachkräfte im medizinischen, psychotherapeutischen und pädagogischen Bereich ; mit 22 Tabellen ; [plus Extras online].* Berlin: Springer.

Fegert, J. M. & Rassenhofer, M. (2015). Gesellschafts- und bildungspolitische Notwendigkeit eines umfassenden Kursangebotes zur Prävention von sexuellem Kindesmissbrauch. In J. M. Fegert, U. Hoffmann, E. König, J. Niehues & H. Liebhardt (Hrsg.), *Sexueller Missbrauch von Kindern und Jugendlichen. Ein Handbuch zur Prävention und Intervention für Fachkräfte im medizinischen, psychotherapeutischen und pädagogischen Bereich ; mit 22 Tabellen ; [plus Extras online]* (S. 3–7). Berlin: Springer.

Feierabend, S., Karg, U. & Rathgeb, T. (Medienpädagogischer Forschungsverbund Südwest (mpfs), Hrsg.). (2016). *JIM-Studie 2016. Jugend, Information, (Multi-)Media ; Basisstudie zum Medienumgang 12- bis 19-Jähriger in Deutschland* (November 2016). Verfügbar unter http://www.mpfs.de/fileadmin/files/Studien/JIM/2016/JIM_Studie_2016.pdf

Feierabend, S., Plankenhorn, T. & Rathgeb, T. (Medienpädagogischer Forschungsverbund Südwest (mpfs), Hrsg.). (2017). *KIM-Studie 2016. Kindheit, Internet, Medien; Basisstudie zum Medienumgang 6- bis 13-Jähriger in Deutschland*. Verfügbar unter https://www.mpfs.de/fileadmin/files/Studien/KIM/2016/KIM_2016_Web-PDF.pdf

Feierabend, S., Plankenhorn, T. & Rathgeb, T. (Medienpädagogischer Forschungsverbund Südwest (mpfs), Hrsg.). (2015). *KIM-Studie 2014. Kinder + Medien Computer + Internet*. Basisuntersuchung zum Medienumgang 6- bis 13-Jähriger in Deutschland. Zugriff am 01.08.2017. Verfügbar unter https://www.mpfs.de/fileadmin/files/Studien/KIM/2014/KIM_Studie_2014.pdf

Fleischer, S. (2014). Medien in der Frühen Kindheit. In A. Tillmann, S. Fleischer & K.-U. Hugger (Hrsg.), *Handbuch Kinder und Medien* (Digitale Kultur und Kommunikation, Bd. 1, 303-112). Wiesbaden: Springer VS.

Fleischer, S. & Grebe, C. (2014). Entwicklungsaufgaben und kritische Lebensereignisse. In A. Tillmann, S. Fleischer & K.-U. Hugger (Hrsg.), *Handbuch Kinder und Medien* (Digitale Kultur und Kommunikation, Bd. 1, S. 153–162). Wiesbaden: Springer VS.

Fuhs, B. (2014). Medien in der mittleren Kindheit. In A. Tillmann, S. Fleischer & K.-U. Hugger (Hrsg.), *Handbuch Kinder und Medien* (Digitale Kultur und Kommunikation, Bd. 1, S. 313–322). Wiesbaden: Springer VS.

Goldbeck, L. (2015). Auffälligkeiten und Hinweiszeichen bei sexuellem Kindesmissbrauch. In J. M. Fegert, U. Hoffmann, E. König, J. Niehues & H. Liebhardt (Hrsg.), *Sexueller Missbrauch von Kindern und Jugendlichen. Ein Handbuch zur Prävention und Intervention für Fachkräfte im medizinischen, psychotherapeutischen und pädagogischen Bereich ; mit 22 Tabellen ; [plus Extras online]* (S. 145–154). Berlin: Springer.

Gründer, M. & Stemmer-Lück, M. (2013). *Sexueller Missbrauch in Familie und Institutionen. Psychodynamik, Intervention und Prävention* (1. Aufl.). s.l.: Kohlhammer.

Gunter, B. (2014). *Media and the sexualization of childhood*. London: Routledge.

Hann, M. (The Guardian, Hrsg.). (2013). *Miley Cyrus's new Wrecking Ball video says young women should be sexually available.* Zugriff am 01.08.2017. Verfügbar unter https://www.theguardian.com/music/musicblog/2013/sep/10/miley-cyrus-wrecking-ball

Havighurst, R. J. (1956). Research on the Developmental-Task Concept. *The School Review, 64* (5), 215–223.

Hipfl, B. (2015). Medialisierung und Sexualisierung als Assemblagen gegenwärtiger Kultur – Herausforderungen für eine (Medien)- Pädagogik jenseits von „moral panic". In J. C. Aigner, T. Hug, M. Schuegraf & A. Tillmann (Hrsg.), *Medialisierung und Sexualisierung. Vom Umgang mit Körperlichkeit und Verkörperungsprozessen im Zuge der Digitalisierung* (S. 15–32). Wiesbaden: Springer Fachmedien Wiesbaden.

Holliday, K. (Huffpost. The blog, Hrsg.). (2015). *Empowered or Exploited?* Zugriff am 01.08.2017. Verfügbar unter http://www.huffingtonpost.co.uk/kate-holliday/miley-cyrus_b_8419214.html

Jud, A. (2015). Sexueller Kindesmissbrauch – Begriffe, Definitionen und Häufigkeiten. In J. M. Fegert, U. Hoffmann, E. König, J. Niehues & H. Liebhardt (Hrsg.), *Sexueller Missbrauch von Kindern und Jugendlichen. Ein Handbuch zur Prävention und Intervention für Fachkräfte im medizinischen, psychotherapeutischen und pädagogischen Bereich ; mit 22 Tabellen ; [plus Extras online]* (S. 41–49). Berlin: Springer.

Kappeler, M. (2014). Anvertraut und ausgeliefert – Sexuelle Gewalt in pädagogischen Institutionen. In K. Böllert & M. Wazlawik (Hrsg.), *Sexualisierte Gewalt. Institutionelle und professionelle Herausforderungen.* Wiesbaden: Springer VS.

Kindler, H. (2015). Prävention von sexuellem Missbrauch – Möglichkeiten und Grenzen. In J. M. Fegert, U. Hoffmann, E. König, J. Niehues & H. Liebhardt (Hrsg.), *Sexueller Missbrauch von Kindern und Jugendlichen. Ein Handbuch zur Prävention und Intervention für Fachkräfte im medizinischen, psychotherapeutischen und pädagogischen Bereich ; mit 22 Tabellen ; [plus Extras online]* (S. 151–162). Berlin: Springer.

Krotz, F. (2007). *Mediatisierung. Fallstudien zum Wandel von Kommunikation* (Medien - Kultur - Kommunikation, 1. Aufl.). Wiesbaden: VS, Verl. für Sozialwiss.

Kuhle, L. F., Grundmann, D. & Beier, K. M. (2015). Sexueller Missbrauch von Kindern: Ursachen und Verursacher. In J. M. Fegert, U. Hoffmann, E. König, J. Niehues & H. Liebhardt (Hrsg.), *Sexueller Missbrauch von Kindern und Jugendlichen. Ein Handbuch zur Prävention und Intervention für Fachkräfte im medizinischen, psychotherapeutischen und pädagogischen Bereich ; mit 22 Tabellen ; [plus Extras online]* (S. 109–130). Berlin: Springer.

Lenz, H.-J. (2014). Wenn der Domspatz weiblich wäre ... Über den Zusammenhang der Verdeckung sexualisierter Gewalt an Männern und kulturellen Geschlechterkonstruktionen. In P. Mosser & H.-J. Lenz (Hrsg.), *Sexualisierte Gewalt gegen Jungen: Prävention und Intervention* (S. 15–40). Wiesbaden: Springer Fachmedien Wiesbaden.

Leschke, R. (2015). Medialisierung, Sexualisierung, Moralisierung. Der Kampf um medienkulturelle Anerkennung. In J. C. Aigner, T. Hug, M. Schuegraf & A. Tillmann (Hrsg.), *Medialisierung und Sexualisierung. Vom Umgang mit Körperlichkeit und Verkörperungsprozessen im Zuge der Digitalisierung* (S. 84–101). Wiesbaden: Springer Fachmedien Wiesbaden.

Manning, M. L. (2010). Havighurst's Developmental Tasks, Young Adolescents, and Diversity. *The Clearing House: A Journal of Educational Strategies, Issues and Ideas, 76* (2), 75–78. https://doi.org/10.1080/00098650209604953

Martin, A. (2015). Sexualisierung in Medien als Gegenstand im Pädagogikunterricht. In J. C. Aigner, T. Hug, M. Schuegraf & A. Tillmann (Hrsg.), *Medialisierung und Sexualisierung. Vom Umgang mit Körperlichkeit und Verkörperungsprozessen im Zuge der Digitalisierung* (S. 145–161). Wiesbaden: Springer Fachmedien Wiesbaden.

McAlinden, A.-M. (2006). 'Setting 'Em Up'. Personal, Familial and Institutional Grooming in the Sexual Abuse of Children. *Social & Legal Studies, 15* (3), 339–362. https://doi.org/10.1177/0964663906066613

Meyen, M. (2009). Medialisierung. *Medien & Kommunikationswissenschaft, 57* (1), 23–38. https://doi.org/10.5771/1615-634x-2009-1-23

O'Connell, R. (2003). *A typology of cyber sexploitation and online grooming practices*, University of Central Lancashire. Preston. Zugriff am 23.06.2017. Verfügbar unter http://image.guardian.co.uk/sys-files/Society/documents/2003/07/17/Groomingreport.pdf

O'Connor, S. (The Guardian, Hrsg.). (2013). *Sinéad O'Connor's open letter to Miley Cyrus.* Zugriff am 30.07.2017. Verfügbar unter https://www.theguardian.com/music/2013/oct/03/sinead-o-connor-open-letter-miley-cyrus

Pollack, D. & McIver, A. (2015). Understanding sexual grooming in child abuse cases. *Child Law Practice Newsletter, 34,* 161.

Quayle, E., Allegro, S., Hutton, L., Sheath, M. & Lööf, L. (2014). Rapid skill acquisition and online sexual grooming of children. *Computers in Human Behavior, 39,* 368–375. https://doi.org/10.1016/j.chb.2014.07.005

Renold, E. & Ringrose, J. (2011). Schizoid subjectivities? *Journal of Sociology, 47* (4), 389–409. https://doi.org/10.1177/1440783311420792

Renold, E. & Ringrose, J. (2013). Feminisms re-figuring 'sexualisation', sexuality and 'the girl'. *Feminist Theory, 14* (3), 247–254. https://doi.org/10.1177/1464700113499531

Resch, F. & Weisbrod, M. (2012). Kooperative Versorgung Jugendlicher und junger Erwachsener. In J. M. Fegert, C. Eggers & F. Resch (Hrsg.), *Psychiatrie und Psychotherapie des Kindes- und Jugendalters* (2., vollständig überarbeitete und aktualisierte Auflage, S. 241–248). Berlin, Heidelberg: Springer-Verlag Berlin Heidelberg.

Richard, B. (2010). Sexualisierte jugendliche Netzkulturen? Egoshots und zarte Körperbilder bei flickr. In M. Schetsche & R.-B. Schmidt (Hrsg.), *Sexuelle Verwahrlosung. Empirische Befunde, gesellschaftliche Diskurse, sozialethische Reflexionen* (1. Aufl., S. 185–206). Wiesbaden: VS, Verl. für Sozialwiss.

Rüttgers, P. (2016). *Von Rock'n'Roll bis Hip-Hop. Geschlecht und Sexualität in Jugendkulturen.* Wiesbaden: Springer VS.

Salter, A. C. (2006). *Dunkle Triebe. Wie Sexualtäter denken und ihre Taten planen.* München: Goldmann.

Schönherr-Mann, H.-M. (2015). Sexualität als Macht, als mediale und individuelle Kommunikation. In J. C. Aigner, T. Hug, M. Schuegraf & A. Tillmann (Hrsg.), *Medialisierung und Sexualisierung. Vom Umgang mit Körperlichkeit und Verkörperungsprozessen im Zuge der Digitalisierung* (S. 103–128). Wiesbaden: Springer Fachmedien Wiesbaden.

Schuegraf, M. (2014). Medienkonvergenz und Celebrtys im Kindesalter. In A. Tillmann, S. Fleischer & K.-U. Hugger (Hrsg.), *Handbuch Kinder und Medien* (Digitale Kultur und Kommunikation, Bd. 1, S. 337–349). Wiesbaden: Springer VS.

Schuegraf, M. & Tillmann, A. (2011). Pornografisierung von Gesellschaft?! *tv diskurs, 15* (57 (3)), 14–19. Verfügbar unter http://fsf.de/data/hefte/ausgabe/57/schuegraf_tillmann014_tvd57.pdf

Schweizer, H. (2007). *Soziologie der Kindheit. Verletzlicher Eigen-Sinn* (1. Aufl.). Wiesbaden: VS Verl. für Sozialwiss.

Starr, C. R. & Ferguson, G. M. (2012). Sexy Dolls, Sexy Grade-Schoolers? Media & Maternal Influences on Young Girls' Self-Sexualization. *Sex Roles, 67* (7-8), 463–476. https://doi.org/10.1007/s11199-012-0183-x

Strohhalm e.V. (o.J.). *Das Präventionsprogramm für den Elementarbereich.* Zugriff am 20.07.2017. Verfügbar unter https://www.strohhalm-ev.de/praeventionsprogramm-fuer-den-elementarbereich

Strohhalm e.V. (2008). *Wie können Mädchen und Jungen vor sexuellem Missbrauch geschützt werden. deutsche Broschüre* (1.Auflage). Berlin.

Tankard Reist, M. (The Sydney Morning Herald, Hrsg.). (2012). *Sex sells, but we're selling out our children.* Zugriff am 01.08.2017. Verfügbar unter http://www.smh.com.au/federal-politics/political-opinion/sex-sells-but-were-selling-out-our-children-20120408-1wj7e.html

The Walt Disney Company. (o.J.). *Hannah Montana.* Zugriff am 01.08.2017. Verfügbar unter http://shows.disneychannel.de/hannah-montana

Tillmann, A. & Hugger, K.-U. (2014). Mediatisierte Kindheit – Aufwachsen in mediatisierten Lebenswelten. In A. Tillmann, S. Fleischer & K.-U. Hugger (Hrsg.), *Handbuch Kinder und Medien* (Digitale Kultur und Kommunikation, Bd. 1, S. 31–46). Wiesbaden: Springer VS.

Topping, K. J. & Barron, I. G. (2009). School-Based Child Sexual Abuse Prevention Programs. A Review of Effectiveness. *Review of Educational Research, 79* (1), 431–463. https://doi.org/10.3102/0034654308325582

Van Dam, C. (2006). *The socially skilled child molester. Differentiating the guilty from the falsely accused.* New York: Routledge, Taylor & Francis Group.

Vandenbosch, L. & Eggermont, S. (2013). Sexualization of Adolescent Boys. *Men and Masculinities, 16* (3), 283–306. https://doi.org/10.1177/1097184X13477866

Voigt, M. (2016). *Mädchen im Netz. Süß, sexy, immer online* (1. Aufl. 2016). Berlin, Heidelberg: Springer Berlin Heidelberg.

Vollbrecht, R. (2010). Wirkung pornographischer Mediendarstellungen Theorien, Annahmen und empirische Befunde zur Medienwirkung sexualisierter und pornographischer Darstellungen auf Jugendliche. In M. Schetsche & R.-B. Schmidt (Hrsg.), *Sexuelle Verwahrlosung. Empirische Befunde, gesellschaftliche Diskurse, sozialethische Reflexionen* (1. Aufl., S. 145–166). Wiesbaden: VS, Verl. für Sozialwiss.

Winter, C. (2015). *Tausend Tode und ein Leben. Sexualisierte Gewalt gegen Kinder - Ursachen, Folgen und Therapie* (1. Auflage). Stuttgart: Verlag W. Kohlhammer.

Wurtele, S. K. (2008). Behavioral approaches to educating young children and their parents about child sexual abuse prevention. *The Journal of Behavior Analysis of Offender and Victim Treatment and Prevention, 1* (1), 52–64. https://doi.org/10.1037/h0100434

Wurtele, S. K. & Kenny, M. C. (2012). Preventing Childhood Sexual Abuse. An Ecological Approach. In P. Goodyear-Brown (Ed.), *Handbook of child sexual abuse. Identification, assessment, and treatment* (pp. 531–565). Hoboken, NJ: Wiley.

Zimmermann, P., Neumann, A., Çelik, F. & Kindler, H. (2011). Sexuelle Gewalt gegen Kinder in Familien – Ein Forschungsüberblick. *Sexuologie, 18* (3-4), 119–142.